大都市圏域における
自治体経営のイノベーション

『日本地方財政学会研究叢書』第 26 号

日本地方財政学会編

五絃舎

はしがき
——『日本地方財政学会研究叢書』第 26 号の発刊にあたって——

　『日本地方財政学会研究叢書』第 26 号（以下，本号）は，2018 年 6 月 2 日（土）から 3 日（日）にかけて，甲南大学岡本キャンパス（神戸市東灘区）を会場として開催された日本地方財政学会第 26 回大会において発表された研究成果を中心として編集した．

　第 1 部は，第 26 回大会のシンポジウムに関する報告である．「大都市圏域における自治体経営のイノベーション」と題するシンポジウムは，大会 1 日目，6 月 2 日（土）午後に開かれた．まず，久元喜造神戸市長から「大都市財政における受益と負担のあり方に関する私見」と題して，神戸市政を運営してこられた経験に基づいて，大都市の財政需要，受益と負担の対応を重視する社会保障財政のあり方，選挙制度の問題などを論じる基調講演をいただいた．引き続いて行われたパネルディスカッションでは，4 人のパネリストが「まちづくりと行政」「まちづくりと財政」「まちづくりと地域経済」「神戸市の都市開発事例」の観点から，大都市自治体経営におけるイノベーションのあり方について報告を行ったうえで，提起された論点を深く掘り下げる形で議論が展開された．

　第 2 部に掲載した研究論文は，厳しい査読を経て水準を保証された学術論文である．本号では，第 26 回大会における研究報告を発展させて投稿された 11 本の論文のなかから「年金課税強化が市区町村の個人住民税課税ベースに与える効果」「過疎対策事業債の発行要因に関する実証分析」「コンパクトシティが自治体財政に与える影響」「地理情報システムを用いた公共施設分析」「スウェーデンにおけるコミューンの在宅育児手当制度の分析」の 5 本が掲載されている．本号については，投稿論文数が前号（8 本）より増えたことは評価すべきであり，今後さらに活発な学会報告及び論文投稿が行われることが期待される．

　第 3 部として，地方財政に関する学術書の書評を掲載した．本号では，2017 年度（2017 年 4 月 1 日〜2018 年 3 月 31 日）に刊行された当学会員の著作のなかから，当学会の理事による推薦及び編集委員会における協議に基づい

て，『自治体破綻の財政学』『日本地方財政史』の2冊を選び出した．ご多忙の
なか，編集委員会の求めに応じて書評の労をとられた評者の方々にあつく御礼
を申し上げたい．

　第4部は学会報告である．まず，第18回日本地方財政学会佐藤賞の選考に
ついて，著作の部で1点，論文の部で2点の授賞作品を決定したこと及びその
授賞理由を掲載した．つぎに，学会記事として，第26回大会に際して開かれ
た理事会・会員総会の概要及び大会プログラムの概要を整理した．最後に，本
研究叢書の第27号へ向けた投稿論文募集のお知らせ及び原稿執筆・提出要項
を掲載した．

　編集委員会は，本号を編集するにあたり，原稿の執筆者，投稿論文の査読者
等，多くの会員のお力添えをいただいた．とくに，さきに述べた通り，本号の
シンポジウム及び研究論文は第26回大会の成果である．大会を成功に導いた
プログラム委員会及び甲南大学を中心とする実行委員会の皆様の多大なご尽力
に対して謝意を表したい．本号に掲載された大会の様子と研究成果を読まれた
会員がますます学会活動に積極的に取り組み，さらに，まだ会員ではない読者
が新たに入会して地方財政研究の輪に加わることが期待される．

　本号は発行所を五絃舎として刊行する最初の号である。編集上のご配慮を
賜った五絃舎の長谷雅春様に，心よりの感謝を申し上げる．

　2019年2月15日

『日本地方財政学会研究叢書』編集委員会

委員長　池上　岳彦

目　次

はしがき
　　——日本地方財政学会研究叢書第 26 号の発刊にあたって—— … 池上岳彦

第 1 部　シンポジウム

大都市圏域における自治体経営のイノベーション ……………………… 1
　　基調講演　　　　久 元 喜 造　　「大都市財政における受益と負担の
　　　　　　　　　　　　　　　　　　　　あり方に関する私見」
　　パネリスト　　　北 村　　亘
　　　　　　　　　　上 村 敏 之
　　　　　　　　　　加 藤 恵 正
　　　　　　　　　　吉 井　　真
　　コーディネーター　赤 井 伸 郎

第 2 部　研究論文

年金課税強化が市区町村の個人住民税課税ベースに与える効果
　　——2006 年度税制改正のケース—— ………………………… 八塩裕之…35
過疎対策事業債の発行要因に関する実証分析 …………… 宮下量久…61
コンパクトシティが自治体財政に与える影響
　　……………………………………… 竹本　亨・赤井伸郎・杳澤隆司…87
地理情報システムを用いた公共施設分析
　　——大阪府内の公立図書館を材料として—— ……………… 吉弘憲介…105
スウェーデンにおけるコミューンの在宅育児手当制度の分析
　　——自治体類型・学歴別のコミューンの平均所得に注目して——
　　………………………………………………………… 古市将人…123

iv

第3部　書　評

犬丸淳『自治体破綻の財政学――米国デトロイトの経験と日本への教訓――』
……………………………………………………………… 前田高志…143

小西砂千夫『日本地方財政史――制度の背景と文脈をとらえる――』
……………………………………………………………… 武田公子…149

第4部　学会報告

第18回日本地方財政学会佐藤賞選考結果 ……………… 武田公子…157
学会記事 ………………………………………… 林　宏昭・諸富　徹…162
『日本地方財政学会研究叢書』第27号投稿論文募集の
　お知らせ ……………………………………………… 池上岳彦…168
原稿執筆・提出要項 …………………………………… 池上岳彦…170

第1部　シンポジウム

大都市圏域における自治体経営のイノベーション

基調講演者	久 元 喜 造	(神戸市長)
パネリスト	北 村 亘	(大阪大学教授)
	上 村 敏 之	(関西学院大学教授)
	加 藤 恵 正	(兵庫県立大学教授)
	吉 井 真	(神戸市参与)
コーディネーター	赤 井 伸 郎	(大阪大学教授)

赤井　大阪大学の赤井と申します．よろしくお願いいたします．本日はシンポジウムで3時間ということですが，はじめの1時間，神戸市の久元市長からお話をいただき，その後はパネル討論というかたちで，基本的に都市財政を今後どのようにしていけばいいのかということについてのシンポジウムにしたいと思います．簡単に久元市長のご略歴について説明させていただきます．久元市長は，旧自治省，現総務省でキャリアを積まれた後，2012年に神戸市副市長になられ，2013年に神戸市長に当選されて，現在2期目ということであります．総務省のご出身ですから，地方の行財政についてこれまでいろいろ現場も見てこられ，その知見を活かされて神戸市長として先行的な自治体経営に取り組んでおられます．本日はどうもありがとうございます．では1時間ほど，よろしくお願いいたします．

＜基調講演＞
大都市財政における受益と負担のあり方に関する私見　　久元喜造

　ご紹介いただきました久元喜造でございます．50分ほどお話をさせていただきまして，10分ぐらいご質問やご意見をいただければと思います．

神戸市について

　最初に，神戸のことを少し説明させていただきたいと思います．現在，神戸市は人口約153万人，600平方キロメートル弱の都市です．今年，神戸港開港150年を迎えています．1868年に神戸は港を開きました．その10年後の1878年に郡区町村編制法が制定され，東京と大阪と京都の三府，神戸を含む開港をした5つの都市と人口が多い都市に区を置き，残りを町村としました．その後，明治政府は大都市制度の整備を進め，1888年に市制町村制，1890年に府県制を制定します．つまり明治政府は，20年かけて憲法の制定と国会の開設にあわせるように地方制度を整備，完成させたということになります．これにより近代国家の基礎が安定することになりました．

　神戸市は1889年に誕生しました．そして日本の近代化にあわせて，幕藩体制の時から大都市であった東京，大阪，京都，名古屋の4つの都市と，五港のうち人口を増やした横浜と神戸が六大都市として発展をしていくということになります．この六大都市の中で神戸は，戦前は人口が2位だったこともあります．また，六大都市の中で，1943年に東京府と東京市が合体して東京都が誕生します．戦後は，1947年に地方自治法が制定され，府県から完全に独立する特別市という制度が設けられました．しかし，これは住民投票を要するということで，制度として実現されることはありませんでした．そして，大都市が府県から独立することに反対する府県側と，府県から独立したい五大都市側とがさまざまな駆け引きを行い，妥協の産物として1956年に現在の政令指定都市制度が制定されることになり，神戸を含む5つの市が政令指定都市となったわけです．法律上は人口50万人以上となっておりましたが，政府は事実上人口100万人以上の都市を対象とすることになりましたので，当初はこ

の五大都市だけが政令指定都市であったわけです．その後，札幌や広島，仙台などが加わって政令指定都市は増えていくことになりました．さらに，平成の大合併を推進する手段として，人口 100 万人未満の都市でも周囲と合併して 70 万人くらいであっても政令指定都市になるという特例が定められ，さいたま市や岡山市，堺市，相模原市，熊本市がこの政令指定都市に加わっていくことになり，現在，政令指定都市は 20 市になっています．人口は横浜市がトップで，神戸市は現在 6 番目というところにあります．

　大都市制度としましては，東京 23 区の都区制度と政令指定都市制度の二本立てになっているわけですが，東京 23 区の財政状況と政令指定都市の財政状況にはかなり大きな差があります．東京 23 区には都区財政調整制度が適用され，東京都に入ってくる税源を東京都と 23 区が分け合う結果，1 人あたりの基金残高については，政令指定都市は東京 23 区の 4 分の 1 ぐらいです．これに対し，1 人あたりの地方債残高については，政令指定都市は東京 23 区の 10 倍以上となっています．もちろん権限の差がありますから，このことだけで議論をするということはなかなか難しいとは思いますけれども，同じ大都市であっても現実の財政状況という点で，東京 23 区と政令指定都市の間には非常に大きな差があるということを実務担当者側から申し上げておきたいと思います．

大都市の財政需要について

　甲南大学がある東灘区が神戸市と合併して設立されたのは 1950 年のことでした．その後 1950 年代に神戸市は北部の農村地帯の町村を編入し，現在の神戸市になりました．しかし，神戸市は平成の大合併を経験することはありませんでした．といいますのは，神戸市の周辺の明石市，芦屋市，西宮市，三木市，三田市，宝塚市，小野市などはそれなりの規模があり，安定した都市経営を行っているからです．政令指定都市である神戸市と中核市である明石市，西宮市，尼崎市を含む周辺の市との間には権限や仕事の内容，事務にかなり大きな違いがあります．神戸市は 150 年前から港湾の整備を積極的に行い，戦前から活発に産業基盤，インフラの整備に取り組み，戦後は昭和 40 年代に高速道路が開通，新幹線が開業，12 年前には神戸空港が開港し，日本を代表する陸海空の交通拠点となっています．今後は，関西国際空港から北上する高速道路と神

戸市の西の方とを連結するということになっております．また，医療産業都市，三宮周辺の開発，あるいは神戸西バイパスといったような積極的な産業基盤，交通インフラの整備を行っております．これに対し，周辺の都市はそこまで大きな産業基盤の整備を行っておりません．なかなか申し上げにくいことですけれども，やはり神戸市は周辺都市に対して雇用機会を提供し，さまざまな陸海空の交通ネットワークの人とモノの流れの基盤となる社会インフラを提供しているといえようかと思います．しかし最近は，神戸市から周辺都市への人口の流出が目立つようになっています．実はこのことが現在の神戸市政にとっての大きな課題です．

　大都市で起こっている問題の一つには貧困問題があると思います．生活保護率を見ますと，やはり大阪市が群を抜いて生活保護の受給者と保護率が高く，それから，政令指定都市ではありませんが大阪市の隣に位置する尼崎市が高い指標を示しています．神戸市は大阪市よりも低いですが3.05%，それに対し，西宮市，明石市，宝塚市，伊丹市，三田市，芦屋市などの周辺都市の生活保護率はかなり低い状況にあります．生活保護に対する地方負担には地方財政措置が実施され，交付税で補填されることになるわけですが，有形無形の財政負担というものが生じるといえようかと思います．

　もう一つの問題は，大都市の方がどうしても犯罪発生率が高いということです．犯罪発生率，人口1000人あたりの刑法犯認知件数で言いますと，大阪市が断トツに悪く，尼崎市が政令指定都市である神戸市よりも悪い状況にあります．他の都市を見てみると，生活保護率ほど顕著ではありませんが，やはり神戸市よりも若干低い，特に三田市や宝塚市，芦屋市，小野市，三木市は犯罪発生率が低いという状況になっております．

　このように大都市は，戦前からものすごく活気がある，さまざまな文化も栄える，スポーツの拠点でもあるということと同時に，社会矛盾というものをかなり抱えてきました．だからこそ明治政府は大都市を大変警戒し，1888年の市制町村制では，人口が集中している市に対する制度と町村に対する制度を全く異なるものにし，市については内務大臣の直接の監督下に置いて厳重に監視をしたのです．大都市というのは，明治政府や戦前の政府から見れば監視をしておかなければならないエリアであったと思います．現実にさまざまな社会矛

盾が戦前からありましたし，今日においても，大都市における貧困の問題，無縁社会といわれるような社会風潮の中で発生する孤立の問題，治安の問題と向き合っています．大都市は常に社会の矛盾とも向き合ってきたのです．

　大都市は，財源が豊かであるというように思われがちですけれども，実態はどのようになっているのでしょうか．財源の豊かさというのは財政力指数で表されるということが多いと思います．先ほども申し上げましたように，東京23区と比べると決して潤沢であるわけではありません．平成28年の財政力指数を見ると，一番高いのは浦安市が1.52，その次に武蔵野市，みよし市とかが続くわけです．やはり二つのカテゴリー，例えば豊田市のように際立った企業がある企業城下町や産業が集積しているところと，浦安市や武蔵野市，調布市，府中市などのように，高所得層の住民がたくさん住んでいるところは財政力が高いということになります．政令指定都市は必ずしもそんなに高いわけではありません．神戸市は全791市の中で217番目の0.80という水準になっています．1人あたりの個人住民税額ランキングで言いますと，東京23区も一緒にして統計を取ると，港区，千代田区，渋谷区が断トツに高く，東京23区以外では浦安市とか三鷹市とか国立市とかが並び，神戸市は791市と東京23区中131位となります．財政力指数と791市の1人あたりの個人住民税の税額を相関させますと，かなり相関をするという結果が得られました．1人あたりの法人住民税はどうかというと，豊田市が断トツで，あとは田原市，みよし市とか，大阪市もかなり高いところにいきます．神戸市は791市中69位ということになります．同じように財政力指数と1人あたり法人住民税の相関を取りますと，かなり低いということになります．

　この辺は十分研究ができているわけではありませんけれども，財政力を引き上げていくということ，つまり独自の行政ニーズ，財政ニーズに充当するための留保財源を増やしていくためには，少なくとも個人の所得を引き上げる必要がある，高所得層の人々を呼び込んでいくということが有効であるといえようかと思います．このことは企業誘致や産業振興の必要性を否定するものではありませんが，財政力を高める，留保財源を高めるということから見れば，個人の所得を増やしていくということが有効であるのではないかと私どもは考えており，そのための施策を講じていく必要があると思います．これは専門家の皆

さんに割と合理的に理解していただけると思うのですが，市民の皆さんに説明するということについてはなかなか難しい面もあります．先ほど申し上げた貧困問題，治安の問題，地域における孤立の問題に対して，市が独自に施策を行うためには，当然，留保財源を増やさないといけないわけですが，そのために高い所得層を呼び込むことが必要だと言ったところでなかなかすとんと市民の感情には入っていかないのではと思いますから，説明の仕方が難しいところです．しかし，そのような財源を見つけていかないと，そういうような政策の分野についても独自の財源を見つけていくことができないということは事実であろうかと思います．

受益と負担について

　今日申し上げたい受益と負担のテーマに進みます．神戸市の平成28年度の決算額は合計で1兆7,129億円あまり，普通会計の決算は投資的経費が921億円，経常的経費が6,518億円でした．この財源が現在世代の負担によっているのか，将来世代の負担によっているのかということを考える時には，現金主義で編成された決算の数字を使うわけにはいきませんので，行政コスト計算書の数字に置き換える必要があります．同じ年度の神戸市の経常的経費にかかる年間行政コストは6,188億円ということになりまして，その中の使用料・手数料などの受益者の負担が607億円で約9.8%，あとは市民全体の負担ということになります．現在世代の負担が4,769億円で，将来世代の負担は812億円ということになるのではないかと試算しております．将来世代の負担の812億円は，赤字地方債と臨時財政対策債が415億円，交付税の財源不足が27億円，国庫支出金の中で赤字国債でまかなわれている部分が370億円ということで，経常的経費は現在世代の負担によってすべてまかなわれなければならないのが原則ですけれども，少なくとも13%の部分が将来世代にツケ回しされているということになっているのではないかと考えております．

　これは神戸市の独自の判断ではなくて，当然のことながら，わが国の地方税財政制度の問題であることは間違いありません．しかし現在，わが国が直面している課題は，社会保障制度と財政制度の持続可能性をどのように確保していくのかということですから，そういう問題は国だけの問題だと考えるべきでは

ありません．自治体としてもこのような状況が生じているということをしっかりと認識した財政運営をしなければならないのではないか，そしてこういう状況をもっともっと国民や市民の皆さんにしっかりと理解をしていただくような取り組みをしなければいけないのではないかと感じております．つまり経常的経費の将来世代へのツケ回しを放置すれば，将来世代の負担がますます増大するということになっていくわけです．そして，そういうことを認識すれば，現在世代に対して適切な負担を求めるとともに，歳出抑制策をいかに効果的に講じていくのかということが不可欠ではないかと思います．これからどんどん子どもが減っていくということになると，将来負担はさらに拡大をしていくことが想定されますから，やはり受益と負担との間でバランスを取るという考え方で自治体も財政運営をしていかなければならないと思います．

　大変ささやかな試みですけれども，神戸市が行った取り組み方策の一つは，敬老祝い金の廃止でした．神戸市の敬老祝い金は，満88歳の方に1万円，満100歳の方に3万円ということで，年間約8,500万円を支給しておりました．神戸市には現在の153万人の人口のうち100歳以上の高齢者の方が約1,000人いらっしゃいますし，これからも増えていくと思います．したがって，やはり祝い金を支給することはもはや無理なのではないかということで，これを廃止いたしました．

　もう一つは，これから取り組んでいこうという方策です．神戸市としては独自の認知症対策に力を入れていきたいと思っています．平成28年9月に神戸でG7保健大臣会合が開催され，「神戸宣言」が採択されて認知症に対する取り組みが言及されました．この認知症の問題はわが国全体が直面している問題で，どこの自治体も国の施策と整合性を取りながら進めていく必要がありますが，神戸市としても独自の取り組みをしたいということで，条例の制定も行いました．認知症にできるだけ早期に介入をしていく，認知症の方が第三者に損害を与えた場合の家族の負担などをできるだけ和らげるという措置，認知症に対する適切な治療を行う，認知症の患者の方に対する介護を提供する，認知症の方に対して地域全体が優しい目を注ぎ，地域全体で認知症を守っていくという取り組みです．

　その中で，神戸市としてぜひ行いたいと思っているのは，認知症の方が第三

者に被害を与えたケース，これは有名な判決ですが，認知症の方が踏切の中に入って電車にはねられ，鉄道事業者から家族に対して損害賠償が請求された事案です．最高裁はこの損害賠償そのものは認めなかったわけですけれども，法定の監督義務者に該当しない者であっても損害賠償責任を問うことができるという判断を行いました．この判決どおりに損害賠償請求が行われますと，家族の方は大きな精神的苦痛とともに，非常に大きな経済的負担を背負うということになります．これに対し神戸市は，先ほど申し上げました条例の中に独自の救済制度に関する基本的な考え方を盛り込み，救済に必要な財源については超過課税を検討するということにしております．個人の市民税の均等割につきまして，1人あたり400円を上乗せをする，これまでの事故の発生状況から見ると，事故救済制度が2億円，診断費用が1億円で，納税義務者70万人で割ると大体これぐらいの金額ではないかと考えているわけです．

　あと一つは，これは非常に悩ましい問題ですけれども，子ども医療費についての窓口負担に対する自治体支援の問題があります．ほとんどすべての自治体は独自の負担軽減を行っているわけですが，神戸市はずっとこれを拡大してておりまして，当然のことながら，医療費の助成拡大は市の財政支出を増加させ，平成30年度予算では約49億円ということになっております．どういう助成拡大をしてきたのかというと，まず，小学校1年生から3年生までの一部負担金800円を400円にしました．このことによって受診件数は平成25年度から28年度にかけて11.9％増加したと推定しております．小学校4年生から6年生については2割負担を400円にして受診件数は18.8％増加，中学生については2割負担を400円にして受診件数は33.5％増加したと推定しております．現在は所得制限をすべて撤廃し，中学3年生まで1回目400円，2回目400円，3回目以降は無料にするという制度になっています．

　実は私は1回目の選挙の時に，この医療費につきましては段階的かつ速やかに無料にするということを公約に掲げました．他のすべての候補者も無料化を掲げておりました．無料化は相当難しいという気持ちがしておりましたけれども，やれる余地がひょっとしたらあるかもしれないとも考えておりましたので，段階的かつ速やかに無料にするとしたわけです．しかし実際に市長になってみまして，財政状況や医療費，受診件数を増大させるという効果が相当ある

ということから，やはり慎重に考える必要があるのではないかということで，財政学者の先生方をはじめとする有識者会議を作りました．そこでは，医療費の自己負担を無料化した市においては，想定を上回る受診件数や助成額の増加が続いており，モラルハザードによるいわゆるコンビニ受診の影響が疑われるので，一定の自己負担を残すべきではないか，医療費の助成は基本的には国によって運営されるべきで，自治体ごとに競争がなされている現在の状況はあるべき姿ではないというご指摘をいただきました．そういうことを踏まえまして，先ほど申し上げたような制度にしているわけです．

　しかしほとんどの周辺自治体は，神戸市の制度を上回っております．中学3年生までは，入院は神戸市も含めて無料にしておりますが，外来については神戸市よりも進んでおり，中学3年生まで完全に無料にしている，小野市は高校3年生まで無料にしています．政令指定都市につきましては若干違っておりまして，無料にしていないところもかなりあります．無料にしたところもありますけれども，少なくとも兵庫県内の神戸市以外の市に比べれば子ども支援については控えめであるといえようかと思います．

　先ほど申し上げましたように，私は段階的にずっと支援を増やしてきたわけですが，完全に無料にしないのかということについては市議会でも厳しく追及され，15回質問をいただきました．「無料化にかかる財源はわずかだ」「大型開発やめろ」「他のところはみんなやっている」「他の市に遅れている」「公約である無料化を速やかに実施すべきだ」「この負担金のせいで受診抑制を招いている」というような批判を厳しく受けてきました．正直なところ，私は周辺都市を批判するつもりは全くありませんし，同じことをやって対抗しようというつもりもありません．ただ，わが国全体の社会保障，財政の持続可能性を考えていくためには，今のように個人給付の水準を各自治体が競い合い，それによって人口の奪い合いをする，そしてそれを良しとして自治体同士を競争させるというようなことには，やはり批判的な視点が向けられるべきではないかという気がいたします．もちろん，自治体同士の競争は必要です．いろいろな分野について各自治体が知恵をこらし，そして最小の経費で最大の効果が上げられるような政策を競い合うということは大変重要です．しかし，ただ競い合うだけではなくて，非常にパイオニア的な政策を打ち出してそれが非常にうまく

いったとするならば，自分のところで囲い込むだけではなくて，むしろ横展開をしていく，非常にすばらしいスマホのアプリなどを開拓したら，もっとどんどん他の自治体で使ってもらう，こういう発想が必要ではないかという気がいたします．

　私も選挙で選ばれる身なので，こういう状況は正直つらい面はあります．しかし，選挙で選ばれる立場であるからこそ，目の前のことだけではなくて将来の財政について，すなわち，この無料化に伴って受診件数が増え，医療費が増え，そのことを原因として経常的経費の債務が将来世代に先送りされて将来負担がどんどん増えて，結局自分たちのツケを自分たちが払わなければならないという構図になることは明らかですから，そういうことをしっかりと考えていかなければならないと思います．

　国政におきましても，地方におきましても，選挙で選ばれた時の内閣，自治体の知事，市長，議会が決める政治の判断ということが大変重要です．また，その時に選挙で選ばれる人間は，選挙をどう勝ち抜くのかということにすべてのエネルギーを集中させると申し上げても過言ではありません．そういう点で，わが国の選挙の特徴について簡単にお話をしたいと思います．

　わが国の特徴は選挙が非常に多いということです．昨年は衆議院選挙がありましたし，県知事選挙，市長選挙，東京都議会選挙もありました．2016年には参議院選挙と東京都知事選挙がありました．2015年は統一地方選の年でした．2014年には衆議院選挙と東京都知事選挙がありました．2013年は参議院選挙,神戸市長選挙などがありました．2012年には衆議院選挙がありました．2011年は統一地方選挙でした．2010年は参議院選挙があり，2009年には衆議院選挙と2013年と同じような地方選挙がありました．このように頻繁に選挙が行われると，各政党あるいは候補者は，政策の拡大は非常に言うけれども，負担を求めるということをなかなか言い出しにくくなると思います．ですから，これはなかなか難しい問題ですけれども，この多すぎる選挙というものをどのように減らしていくのかということを徹底的に考えていかなければ，負担の先送りということは恐らく断ち切ることができないのではないかと私は個人的に考えております．

　その際重要なことは，衆議院選挙がいつ起こるかわからないという，衆議院

の解散の問題です．衆議院の解散は内閣総理大臣の専権事項だということは憲法のどこにも書かれていません．衆議院の解散の根拠は憲法第７条で，天皇の国事行為です．「天皇の国事行為は内閣の助言と承認により次の行為を行う」と列挙されている中に衆議院の解散が入っているわけです．７条解散というものは憲法上の慣行として定着しておりますが，やはりこの問題は憲法の改正論議の中でしっかりと議論をして，今のままでいいのかどうかを考えていく必要があるのではないかと思います．

　もう一つの問題は，地方の選挙がばらばらになってきているということです．統一地方選挙がありますけれども，統一地方選挙の対象にならない選挙が大半です．兵庫県知事選挙も神戸市長選挙もそうです．兵庫県議会議員選挙と神戸市議会議員選挙は来年統一地方選挙として行われます．北海道知事選挙と北海道議会議員選挙，札幌市長選挙と札幌市議会議員選挙が統一地方選挙で行われますが，全国的にも極めてまれな例です．実は，昭和22年に第１回の統一地方選挙が行われた時は，すべての自治体の首長選挙，議会議員選挙は統一地方選挙として行われました．それが合併とか知事や市長の死亡だとか，議会の不祥事件に伴う解散だとかによってばらけてきて，現在は３割をかなり切っているはずです．選挙の統一は財政と何の関係もないと思われるかもしれませんけれども，財政の持続可能性は政治の決断によって達成されるわけですから，この選挙制度というもの，政治行政制度というものと関連づけてわが国の財政再建や持続可能性というものを考えるべきだと私は思います．

　もう一つ，基本的なわが国の統治構造の特徴についてお話をしたいと思います．わが国は，国では議院内閣制，地方では大統領制を採用しております．主要国でこのように国と地方の制度が分かれているという国は，恐らく日本だけだろうと思います．このことと関連して，国政選挙と地方選挙の特徴があります．衆議院と参議院とでかなり違いがありますけれども，国は政党本位の選挙制度です．ところが地方は，知事や市長，または地方議会議員選挙も完全に個人選挙です．このことは，欧米の既成政党，特に二大政党制が発達した国では，統一的なマニフェスト，あるいは公約というものを作って有力政党が国政選挙においても地方選挙においても選挙を戦っているという状況が古くから続いてきたのに対し，日本はそれとは全く違う状況になっているということです．し

たがって，政党のマニフェストに基づく選挙というのは地方選挙では大変行いにくいということになります．この辺はあまり語られることがないことだと思いますので，あえて今日は触れさせていただきました．

　これで私の基調講演を終わらせていただきたいと思います．ご清聴ありがとうございました．

赤井　ありがとうございます．お時間も作っていただきまして，少し時間ありますので，質問などあればぜひお願いしたいと思います．

質問者　久元市長の市長になられてからの苦労が垣間見えるような貴重なご講演，ありがとうございました．ただ，一市民の立場から言うと，いろんな段階でいろんな選挙が頻繁にある方が市民としては意見の表明の場がいくらでもあっていいと思います．これが1点目です．2点目は，財政について選挙が頻繁にあるからやりにくいというのは日本の常識ではないかと．アメリカでは，ティーパーティも含めて，非常に財政の健全性を主張する共和党という政党がありますけれども，その下で実は歳出の権限を持っている，予算を決める下院議員の選挙が2年に1回あります．それでも，ある程度はきちんと財政の健全性を守ってきている．それからドイツも基本的には守ってきている．そういうこともありますので，どちらかというと選挙の回数よりは，選挙制度とかも含めて，なぜ財政負担の問題を言うと選挙がやりにくいのかという分析がまず先にあるべきではないかという気がしております．ご意見を賜ればと思います．

久元　全くおっしゃるとおりです．アメリカの場合は，行政府と議会との権限配分が全然違っていて，特に連邦政府は，州政府もそうですけども，議会が絶大な権限を握っているので，そこで財政規律がかなり働くという面があります．それから州にしても自治体にしても，歳出を拡大する，地方債を発行する，税率を引き上げるためには，住民投票が必要とされたりそれに類似するような住民参加の仕組みが設けられたりしています．アメリカの場合，財政規律を確保する手段として，いろんな要素を考えなければならないと思います．ただ，ある程度長期的なスパンに立って行財政運営が行われる方が，現在わが国がおかれている危機的な財政状況を回避するということから見れば好ましいと思いますので，お話をさせていただいたということです．

赤井 ありがとうございます．では，私から一つよろしいですか．医療費の無償化，私も神戸市民なので本当に嬉しいのですが，逆に将来の財政のことを思えば心配になります．そういう引下げ競争をなくすために，一つは選挙制度が関わってくるということですが，他にどのようにすれば引下げ競争がなくなるのか，総務省の役割という視点など，何かお考えをお持ちでしたら教えていただきたいです．

久元 医療費を無料にしているところに対して，国保の交付金についてのペナルティみたいなものがあり，今も部分的に残っていますが，国会の論議の中でかなり縮小されて総務省も仕方がないということでした．やはり，無料化に対する何らかの財政的サンクションをやって欲しいと私は個人的に思います．ただ，神戸市もそこは五十歩百歩です．神戸市も 400 円だけ払えば，あとは大部分補填しているわけですから．国から見たら完全に無料にしている市も神戸市も同じ穴のムジナかもしれません．しかし，何らかの形でこういう競争に歯止めをかけるような手立てというものを，これは総務省なのか，厚生労働省なのかわかりませんが，私自身は取って欲しいと思います．要するに，個人給付で行政サービスの水準を競い合うということを抑制するように何らかのメカニズムが働くものを国として考えていただきたいと思います．

赤井 ありがとうございます．では，大体時間になりましたので，久元市長の基調講演を終わります．どうもありがとうございました．

＜パネルディスカッション＞

赤井 それでは，パネル討論に入りたいと思います．はじめに 4 名の先生から各 10 分ぐらいで問題提起をしていただいて，その後，ディスカッションというかたちにさせていただきたいと思います．

まちづくりと行政　　　　　　　　　　　　　　北村　亘

　大阪大学の法学部で行政学を担当しております北村と申します．どうぞよろしくお願いいたします．今日，お話しさせていただくのはまちづくりの話で，「ま

ちづくり」とは何を意味するのだろう，シティプランニングであったり，いろんなものを意味したり，地域振興であったり，そもそも大阪の問題で何を意味しているのだろうということを考えてみました．そうしますと，大体4点に分かれているような印象があります．

　一つは，生産年齢人口を何とか増やそう，その人たちを中心に起業を支援しましょうというのを目標に掲げているところがあります．若年人口を何とか増やしましょう，出産とか育児環境を整えましょうというものもあります．または，開発地区と保護地区を分けましょう，ないしは景観保全とか観光振興も含めてですけれども，交流人口を増やしましょうと言っているところもあります．それから，安心安全を掲げているところもあり，その場合は，弱ってきている自治会や町内会を何とかもう一度効率的にできないかということを考えておられます．しかし，これらの中のどれを取るかによって議論が変わってしまいます．

　もう一つ，主体の問題があります．大都市圏の基礎自治体と農村漁村の基礎自治体では全く違う課題を持っているわけですが，地方創生の計画ではどこも人口増加を目標として掲げることが要求されているわけです．すべての計画目標を合計すれば日本の人口は2億になるという冗談のような話です．そして，そのために国からの補助金を使うというのです．

　ここでは，大都市圏に焦点を当てて少し考えたいと思います．一つはゾーニングの話です．この区域設定をちゃんとこれからやっていかないといけない．つまり，都会の切れ目と田舎の切れ目が日本ははっきりわからない．古い街であればあるほど街の中に工場があるわけで，これを何とか分けていく方が都市の魅力が出てくる，騒音とか，臭いとか，大気汚染，水質汚濁，交通量の多さ，交通事故の危険性なども含めて，ゾーニングがうまくいけば問題が解決されます．さらに，観光的な魅力の高まりや地価の上昇も見込めます．しかし，地権者または有権者の反発も当然大きくなります．

　ふたつ目は，公共施設の統廃合の話です．多くの自治体であと30年もすれば1年間の財政の1割近くが維持更新費に消えていく状況になっていくわけで，耐用年数で言いますと10年未満，あるいはそれを超えているものが40%を占めているのが現在の大都市圏の問題で，これらを更新していくのは非常に大変です．ただし，公共施設の統廃合の問題は，「総論賛成，各論反対」

になってしまいます．つまり，全体の利益としては廃止もやむを得ないし，縮小も進めるべきだが，自分にとって身近な公共施設の統廃合はだめだという話になり，最も政治的に容易な「現状維持」が続くことになってしまうわけです．

　3つ目は，「福祉の磁石（ウェルフェア・マグネット）」効果の話です．福祉を充実すると福祉の受給を求めて周辺からたくさんの人が流入してきます．その結果，急に受給バランスが崩れて豊かな人が逃げていきます．だから，境界を越えて住民が移動できる地方政府は，福祉にはなかなか踏み出せないという行政学の議論です．しかしながら，マイノリティの問題や子育ての問題の解決のためにも福祉政策の充実は必要です．「福祉の磁石」効果の問題に対応しながらも大都市の問題をバランスを取りながらどのように解決していくのか考えていく必要があります．

　20の政令市に目を転じれば，その内実には日々大都市の課題に苦しんでいるところもあれば，そうでないところもあります．人口要件だけで一律に扱うことには限界があります．ですので，大阪，福岡，札幌，名古屋のように，周辺から人が集まってくる4つの市をこれから優遇して全国的な経済を牽引するのが望ましいのではないかと思うわけです．

　また，大都市の中にも農山漁村的なところがあります．これについては，農山漁村と同様，歳入増加と歳出削減を目指す必要があります．歳入増加は夢があって議論が盛り上がりますが，歳出削減についての議論は低調です．限界集落などの同じ自治体で集団移転させるといった撤退戦にどのような行政的支援をしていくのかということも重要です．その際には，行政困難区域を大胆に設定していくことも必要ではないかと思っております．また，限界集落に身近な基礎自治体では行政サービスを提供しない地域の指定には困難があると思います．そこで，少し離れた都道府県が市町村の情報をもとに行政困難区域を指定する役割を担うのがいいのではないかと思うわけです．どうもありがとうございました．

まちづくりと財政
――三都物語：神戸，大阪，京都の都市比較――　　　　　　　　　　上村敏之

　関西学院大学の上村でございます．今日は「まちづくりと財政」というテーマで報告させていただきます．

　はじめに，全体のアウトラインです．日本は人口減少に入っています．だからこそコンパクトシティが大事で，効率的で持続可能な都市運営が可能だと言われてきました．ところが，現実的には人口の奪い合い社会が生じています，都心回帰によって財政事情に非常に大きな変化が生じています．第一に，課税権が制約されていますので地方自治体による社会保障サービスの合戦が発生しています．第二に，総合設計制度によりタワーマンションが非常に増加しています．また，関西ではインバウンドの奪い合いの状況も発生しています．こういった人口の奪い合いがあって，まさに共有地の悲劇とか，近隣窮乏化政策のようなものが起こっています．地方分権を進める必要はあると思いますけれども，全体最適化は難しい，都市間や都市内の政策の統一性をどうするかというのが非常に難しいと思っています．

　三都市の転入超過数を見ると，三つの都市すべてが調子いいわけではなくて，人口増加は大阪市が断トツです．神戸市については，西日本からの転入はあるものの，大阪市と東播磨臨海部への転出が非常に多いのが 2017 年の状況です．東播磨臨海部には明石市があります．明石市は神戸市の中心から JR で 15 分ぐらい西に行ったベットタウンですけれども，周辺の自治体のなかでも極めて高い社会保障サービスをやっているところです．2017 年に過去最高の人口を記録し，子育て世帯が増え，扶助費も増えましたが，人口増加によって税収も増えています．三都市の中で，大阪市は非常に人口が増えていると言いましたが，24 行政区の人口増加率を見ると，急増している区もあれば減少している区もあります．特に御堂筋沿いについては利便性が高いので，増加率が非常に高いことがわかります．神戸市と大阪市，京都市の昼夜間の人口比率については，特に大阪市の中心部で猛烈な勢いで昼夜都心回帰が進み，昼夜間人口比率が落ちていくのが見られます．これは，大阪市の昼間人口が急増しているとい

うことです．その背景には，やはりタワーマンションの増加が寄与していると考えられます．総合設計制度による建築基準法による容積率の特例で，公開の空地を設けると容積率の高さ制限が緩和されるということですが，この結果，都心のタワーマンションが非常に増えています．このタワーマンションについては，所有権の分散とか，修繕積立金がなかなかたまらないとか，住民形成が非常に難しく建て替え困難という問題が起こっています．

　大阪市においては御堂筋沿いにタワーマンションが非常に増えている現象が起きていますが，神戸市でもビジネス街だと思われていた三宮駅の南側に大規模マンションが立地してきています．このことが原因となって，小学校の教室不足が大きな問題になっています．都市部では中心部から人口がどんどん減って小学校も統廃合を進めていたわけですけれども，逆に今は都心回帰で教室の不足が生じています．今後，臨海部に大規模マンションが立地する予定ですけれども，そのマンションの子たちは結構遠いところに通わないといけないという状況になるということです．

　まとめとして2点指摘します．1点目は，都心で急増するタワーマンションで将来的に一気に高齢化が進む可能性があるということです．もともとニュータウン問題というのがあったわけですが，今後は都心にニュータウン問題が出てくる可能性があると思っています．そうなると，将来の財政にもかなり影響が出る可能性があります．また，従来は商業エリアだった地域に人が住むということをどう考えるかです．例えば，小学校の財政事情の変化とか，商業地の都市のブランドというものに住民が入ることによって影響が出てくる，そういう懸念があると思います．2点目は，神戸市の周辺都市が神戸市の都市機能に依存しながら社会保障サービスを拡充して神戸市から人口を奪っているように見えてしまう状況をどう考えるかという問題提起をして，私の話を終わりたいと思います．ありがとうございました．

まちづくりと地域経済
——巨大災害からの復興まちづくりと神戸経済——　　　　　　　加藤恵正

　兵庫県立大学の加藤でございます．どうぞよろしくお願いいたします．私は，

地域政策とか都市政策ということに関心を持ってこれまで仕事をしてまいりました．今日は，その立場からこれまでの経験も踏まえ，神戸市のことを少し念頭に置きながら，お話をさせていただきたいと思っております．

まずは，地方創生という大きな枠組みから少し話を始めたいと思います．最近の総務省の人口移動調査でも東京一極集中はまだ収まらないということで，これだけ力を入れて政府の方がやっておられるのになぜそうなっているのかというのは素朴な疑問で，地域政策をやっている立場としても非常に関心のあるところです．最近のイギリス等での地域政策の議論では，国というのは，大体，ゲートキーパーの役割になりつつあるだろうということになっています．日本も多分にそういう傾向にあるのではないかという気がしております．ただ，日本のゲートキーパーは，大変大きな権限を持っていて，これまでの制度，仕組みを守り続ける，頑として動かさないというようなこともやっているのではないかという気もしております．

そういう観点から，国が現在取り組んでいる地域政策には3つぐらいポイントがあるという気がしております．

一つは，地域政策のもともとの役割は地域格差の是正でした．地域格差の問題というのは，経済学者の間では死語になりつつあるのかもわかりませんけれども，それでも分散的政策を相変わらずしているという点では変わっていないです．

2点目は，地域政策が国の発展とどのように結びついているのかという議論はあまりされない気がします．地域政策というのは基本的に国民経済の発展といかに連動していくのかということが大変重要なポイントになっている．しかし，それを実質化するためには大胆な制度改革がそこに挟まっていないとなかなかこの議論はしにくい．例えば "Global City Region" というようなキーワードがあって，今や世界は大都市圏，あるいは大都市群の競争の中に入りつつあるという見方をしてくると，自治体単位での競争力という議論とはまた違う仕組みや仕掛けが必要になってくる．あるいは，その支援の仕方も変わってくるのだろう．現下の地方創生は既存の行政技術の枠内で動いている気がいたします．

第3番目はまちづくりと地域経済という視点です．例えば，EUには "area based initiative" という言葉があって，地域の個性に合った政策を地域の側から提案してそれが国とかEU本体とどのように結びつくのかという，地域の側

からの視点というのを重要視している．今の地方創生の議論もそういう流れのなかにあると思います．地域のリソースをどのようにうまくマネージして，競争力を高めていくのかということに尽きるのだろうと思います．

ただ，この点でも2つぐらいのポイントがあると思います．一つは，地域にこれまでも随分言われている財源と権限が必ずしも下りない段階で，地域の側からいろいろとやっていくということが本当に可能かという疑問があります．にもかかわらず，地域の産業風土も含めて新たな方向を目指すということは大変重要です．第2に，最近，世界的に産業地域の再生の研究が随分進み，進化経済学を援用しながら「負のロック・イン」という言葉も登場してきました．これを神戸の事例に当てはめながら，お話をさせていただくというのが今日の主題になっております．

兵庫県の復興に関するGDPの推移を見ますと，震災から20年たっても全国とのギャップは埋まっていない，被災直後は復興需要で上がっているのですが，その後は埋まっていない．これには3つぐらいのポイントがあるだろうと考えられます．一つは，被災地の需要の半分以上が被災地外の供給によってまかなわれたこと．二つ目は，さまざまな制度改革が提案されたにもかかわらず，残念ながら大胆に変えようとしたものは実現しなかったということです．被災直後，被災地の経済学者の皆さんと一緒にエンタープライズの提案をいたしました．規制緩和と税の減免措置の両輪で地域の自立的な経済を作っていくという提案であったわけですけれども，残念ながら政府はこれを基本的には認めなかったわけです．第3番目は，先ほど申し上げた "area based initiative" というような観点がなかなか議論しにくいということであります．

そういう点では，経済学でもしばしば議論される集積のメカニズムがポイントになってくるだろうと思っています．ご存じのように，集積というのはローカライゼーションエコノミー（地域的集中の経済），アーバナイゼーションエコノミー（都市化の経済）の二つから基本的には形成されている．もちろん，スケールメリットもそこに入りますが，ここでは地域により即すかたちで，ブランチ経済というのが重要だろうと思います．特定の機能がそこに集中しているような状態で，これは臨海部の産業区域であったり，都心であったりします．こういう大雑把なくくりの中で，ともかくウェルフェアを最大化するためにどうし

たらいいのか，集積をどのように刺激していくのかというところを議論していかなければならないということであります．

　復興ということを絡めますと，現在は三宮都心の再開発がやはり一番大きな動きだと思っております．この三宮の再開発がなぜこれまであまり動かなかったのかについては，古い産業地域のロック・インと大きく関係しているのではないかと思っております．一つは CBD（中心業務地区）がなかなか変わっていかなかったことです．ここをどのように変えていくのか，これはもう 10 年 20 年ほど前から議論されていたわけですけども，どのような姿になるのかについての展望が実はこれまであまり示されていませんでした．もう一つは，隣接する古い産業地域との関係であります．特に神戸はウォーターフロントに接した都心を持っている日本でも有数のところでありますけれども，ここに産業用道路が走っていてウォーターフロントと都心を分断しているわけです．そこをどのように融合させるのかが都市再生の大きなポイントであると言われ，阪神・淡路大震災の時に国道 43 号線を地下に埋め込むという議論もありましたけれども，このあたりが一つのポイントではないかという気もしております．

　もう一つは医療産業都市です．大阪湾ベイエリアというのは世界的にも有数の "Rust Belt" で，ここをどうしていくのかという議論がずっとあったのですが，ここには制度的なロック・インである工場立地制限三法というのが大阪の臨海部にかかっていて，基本的に事業所の新設，増設が禁止されていた時代がありました．しかし，2000 年に入りこの立地制限三法が解除にされるにつれて，大阪のベイエリアは蘇生し，世界のパネル生産の拠点になっていったわけです．皮肉なことに，ごく数年でそのパネル生産は終わってしまうということになりましたが．

　最後は長田のインナーシティであります．こういう古くからのインナーシティをどうしていくのか．阪神・淡路大震災が起きて現在のような事態になっていることについても「負のロック・イン」の議論から少し話ができるのではないかということであります．

神戸市の都市開発事例　　　　　　　　　　　　　　　　吉井　真

　現在，神戸市で参与という職を務めております．3 月まではみなと総局長と

いう職を務めておりました．神戸市の都市開発事例ということで，都市サイドに絞っていろいろしゃべらせていただきます．

みなと総局の事業は，港湾事業と，新都市整備事業で海上都市，これはポートアイランド，六甲アイランド，それから，内陸部のニュータウン・産業団地の整備，神戸空港の整備運営，海岸防災ということで津波対策，須磨海岸のリニューアルです．海岸防災以外は，基本的には企業会計で運営しています．特に，港湾について企業会計で運営しているのは神戸市だけですので，特徴があるかと思います．公経済効果というのは，公的都市開発の役割は市場メカニズムに立脚した都市経営に入っていくということを念頭に置いておりまして，職員給与は税ではなく事業費，全部を用地造成費の中に原価として組み込むというスキームでやっています．そういうことで，独立採算，原価主義にのっとってやっておりますので，一般財源の方に730億円の繰り出し，震災対応に150億円の繰り出しをやって，一般財源を下支えしているということになります．

神戸市は全体では550平方キロメートルありますけども，全体で約5,500億ヘクタールの開発を過去にやってきました．年間の用地供給は10から70ヘクタールですが，70ヘクタールというのはバブル期の供給量です．ここでは，ポートアイランドと六甲アイランド，臨海部の埋め立ての都市開発について，当時の社会情勢の背景と時代の変化による課題をしゃべらせていただきます．

まず，ポートアイランドですが，正式な着工は1969年です．当時，コンテナリゼーションが始まり，アジア圏で最初のコンテナのターミナルを作るということでポートアイランドが生まれました．当時は港湾整備が先行し，真ん中をどうしようかということになって，既成市街地の環境悪化と住宅困窮，東播地域への人口流出への対応ということで，全戸数の65％の公的住宅を大量契約で一斉供給しましたが，その後新しい住宅を供給したくてもリザーブ用地を持っていなかったので対応できなかったという問題が顕在化しました．また，当時の自動車の保有率に対応した団地の駐車場は，その後保有率が上がれば当然のことながら足りなくなるということで大変な問題になりました．それから，新しい都市機能の導入ということで，日本で初めてホテル，会議場，展示場を一体整備した公的コンベンションセンターを造りましたが，3年後ぐらいには横浜，千葉に追い抜かれて，先駆的な取組みはいいとしても規模感が読めない

という点で失敗だったと思っております．もう一つは，ファッションタウンというのを建設して企業立地が進んだといわれますが，やはり単一企業の立地を促進したというのは経済変動性に極めて弱く，現在は中身がだいぶ変わってしまったというのが実態です．

次は六甲アイランドです．この六甲アイランドも真ん中に都市機能用地が広がっています．六甲アイランドの開発は，中曽根政権の時期，バブルの直前にスタートしました．バブルの波に乗って進められ，プラザ合意がなされてグローバル化が始まった時代の都市開発ということで，先ほどのポートアイランドでは公共主導の都市開発でしたが，ここでは民間主導の都市開発が進められました．いわゆる民活の初めということです．外資系企業の本格的誘致を神戸市でやったのがこの場所です．最初に立地したのがダラスのマーケットセンター，それから，P&Gの極東本部，シェラトンホテルです．外国人学校の移転拡張もしてもらいました．そのため，極めて国際色豊かなまちづくりができたというのも実態です．しかし，外資系企業についてはアジアの経済拠点が中国の発展で西へシフトしましたので，現在は空洞化しております．それからバブル期に大規模集客施設を立地していたのですが，震災を機に撤退しています．もう一つ，実は20世紀中に阪神間で大規模開発ができた場所が六甲アイランドしかなかったのですが，その後，尼崎や西宮で大規模開発が行われ，当然のことながら六甲アイランドの相対的な地位は落ちてきています．ただ，作った時期が時期ですので，インフラのグレードは高く，都市環境レベルは高く，特に住民の意識が高い地域です．これがコンパクトにできたということでは，少しは成功したといえる面もあると思います．

最後に，ポートアイランド第2期です．実は震災の直前はコンベンション機能の拡大とテーマパークの誘致をやっていましたが，これを全部凍結し，その後どうしようかということになりました．当面は仮設住宅3,000戸を受け入れ，被災企業の受け入れもやっていましたし，港湾施設も単純復旧をかけましたので次のステップが見えないということでした．しかし，現在はプロジェクト指向型の都市開発が順調に進み，港湾の方も国際コンテナ戦略港湾が順調です．いろんなプロジェクトはその時々の社会情勢の解決をその中で模索しますので，それが後になると良かった面も悪かった面も出てくるということで，

現在，反省しているということで報告を終わらせていただきます．

赤井　ありがとうございました．皆さまから発表いただきまして，いろいろな視点が出てきたと思います．これからのディスカッションは2つに分けまして，前半の部分，人口配置の問題を，都市間，都市と地方，日本全体で考えるという視点について，北村先生と上村先生から問題提起をしていただきましたので，まずお二人から，先ほどの発表に加えるところがあれば加えていただきながら，人口の奪い合い，人口配置，例えば高齢者，若者，年代層の配置，都市と地方の間，競争と協調の在り方に関して，補足などありましたらお話をいただければと思います．

北村　最初の福祉の話ですが，福祉の磁石効果というのはやはり大きなものがあると思います．人口を奪い合うということと財政負担がかかる受給者を押しつけ合うという側面との2通りあります．やはり地方はどうしても開発のほうにドライブがかかっていきますし，それを補うために国が再分配を増やしていくというのは普通のことだろうと思っています．ですので，福祉は充実させたい，でも財政規律を守りたいという時には，新たな集権化というものがこれから必要になっていくだろうと思うところです．

上村　市長からは受益と負担の話をしていただきました．受益のほうは非常にわかりやすいわけですが，負担がなかなか見えないというところに一つの問題点があると思います．都市においては，特に大都市に依存する周辺都市の問題があると思っています．大都市は非常に特殊な財政事情をかかえ，大都市機能をもつためにインフラ整備とかが非常に重要ですが，その一方で周辺都市は簡単に言うと住民を増やそうとしている，そこが社会保障サービス合戦の発生源になると思います．大都市も，大都市を維持できるところと維持できないところに分かれていっていると思います．例えば，企業も住民も来る大都市を第1段階とすると，企業は来ないけれども住民は来る大都市が第2段階，企業も住民も来なくなる大都市がその次の第3段階の3段階に分かれていて，神戸市は，第1段階だったのが第2段階に，つまり，企業がなかなか来るのが難しい大都市になりつつあるという気がします．財政面，要は税収とか行政サービス面から言うと，メリットは住民よりも企業に来てもらう方が大きいです．企業は納

税するけれども行政サービスはそんなにかからない，住民よりかからないという意味で，大都市から見ると企業の方に来てもらいたい，でも，それだけの力がなくなっている大都市が出現してきているというのが人口減少社会における大都市の問題だと思います．これを解決するのは非常に難しいので，やはり市町村による政策の整合性をどのように取るのか，先ほど北村先生が言われたように，国とか都道府県の関与の役割の重要性を再確認する必要があると思います．また，市町村の中でも，都市の中でも，文教政策，規制政策，社会保障政策とか，いろんな政策の整合性を取っていく必要があると思います．自治体が非常に厳しいのは，非常に財政が厳しい中で業務が増える一方なので，受益と負担の関係で言うと，負担を増やすことができればいいのですが，増税するのは非常に難しいからです．ということになると，どうやって政策のイノベーションを起こしていくかというところにしか解決策がないように思います．

赤井　ありがとうございます．それでは，神戸のまちづくりとか，ポートアイランドや六甲アイランドを作ったことも踏まえながら，今の人口の在り方について加藤先生と吉井先生から何かご意見があればいただきたいと思います．

加藤　人口が減少していく中で，国土の人口配置というのはモザイク状になっていかざるを得ない，はっきりといいところと悪いところが出てくるのは当然のことだと思います．従前から政策の選択と集中というのが必要だといわれていますけれども，そういうようにはどうもなっていない，まだばらまいているような気もいたします．先ほど地域政策としての地方創生について申し上げましたけれども，そういう意味では，まず日本全体を競争構造にもっていき，モザイク状になってくることを前提にこれから国がこの制度をどのように作っていくのかというのが大変興味深いところです．それで，いいところは勝手によくなって放っておいても大丈夫．問題は，行政がそういうモザイクで光らなくなったところのマネジメントをどうしていくのかということです．もう一つは，"Global City Region" と呼ばれている日本の中で都市の競争力を強化し，これによって国全体の競争力に結びつけていくという構図をどう作っていくのか，お金は地方に配られるけれども，結果としてこうした視点から何が起きるのかについてはあまり明示されていないというのが，経済地理学者としては気になるところであります．

吉井　デベロッパー側から言わせていただきますと，例えばマンション事業者の持っている地図に行政界はあまりなくて，JRや阪急の時間距離を縮めたような地図の上でマーケットを見るというかたちになっています．そういうデベロッパー側の持っているイメージの地図の上で人口配分のことを見なければ，なかなか当面の住宅対策というのは難しいと思いますので，できれば自治体のラインをちょっと離れて全体で見ていただければ，少し見方も変わると思います．

赤井　ありがとうございます．このテーマの最後にお聞きしたいのが，北村先生からしていただいた農村の撤退の話です．今後，都市に人口が集中していく方が日本にとって望ましいのか，均衡ある発展という視点で農村をどのようにしていくのか，そういう視点で北村先生に補足いただいて，他の先生方からコメントがあればいただきたいと思います．

北村　私が申し上げたのは，やはり日本はどこに住んでも絶対自治体の住所が振り当てられていて，どこに行ってもそれなりのサービスが前提として受けられるということになっている，これが果たして人口減少社会において可能なのかというところに問題意識があります．もちろん，コンパクトシティや定住自立圏など，いろんな構想があるわけですけれども，他方でその中枢になった自治体と周辺の自治体との軋轢がいっぱいあるわけで，思うようにいくわけがないのであります．ですので，ひとつの基礎自治体の中で，憲法で保障された居住の自由は尊重しつつも，行政サービスはもはや提供できないのでご自身のご負担でお住まいくださいという地域を設定したり，そもそも国土の中に地方自治体が設定されていない空白地域を設定せざるをえないのではないかと思うわけです．限界集落などの集団移転については，2001年の総務省の調査では移転した人たちの満足度は高い，ということを指摘して，問題提起をさせていただいたということです．

上村　北村先生の話には賛同できるところもあるのですが，日本全国全体に網をかけるのは非常に難しいという感じはしていて，とにかく試験的にやっていくことが必要ではないか，また，空白地になった地域の自然環境をどうするかという問題が大切で，例えば土砂災害であるとか非常に大事なものがあるはずで，そこの部分についてはどのようにケアするのか，恐らく国が出てくることになると思うのですが，そういったところの制度的担保が必要ではないかと思

います．確かに，限界的なところを維持するためには行政的に非常にコストがかかるので，今後は考えていかないといけないと思いますが，網を全体的にかけるのは，まだ非常に厳しいという気がします．

加藤　限界集落というと雰囲気が暗くなるのですが，今の日本でさまざまなかたちで喧伝されているまちづくりの成功例というのは，ほとんど限界集落といわれているところにあるわけです．ここでの教訓は地域の皆さんを説得し，全体の関係性を変え，文化を変えていくのには時間がかかるということであります．エネルギーがその地域にあれば地域は変わるはずで，モザイク空間で皆さんが見放したところにこそ面白い場所がきっとある，そういうところを志向する人たちも，若い人たちの中に一定量必ずいると思っています．ただ，全体から言うと，都市部を志向する，都市部の競争力が日本全体の競争力と結びついていくという構図はやはり変わらないだろうということであります．

吉井　限界集落はわからないのですけども，例えば東京一極集中は私が役所に入った35年前からずっと言われておりました．感覚的にわかることは，拠点都市への集中は必然的に起こってきますので，あとは拠点都市が周辺を持ちこたえるような都市機能をしっかり持つようなことが大事なのではないかと思っています．限界集落の支えにはなりませんけども，拠点都市になりそうなところは逆に拠点都市以上の都市機能を持つという政策に切り替えることですべてがハッピーになるのではと思っております．

赤井　私の意見も述べさせていただくと，住むところは自由だけれども，人口の少ないところにあえて住むとなるとコストがかかる，それを全体でまかなうとなると負の外部性が国民全体にかかってくるので，そういうことも意識して住んでいただくみたいなことをしないと，一人で住むけれども公共サービスは全部やってくれ，コストは負担しないというのは難しいと思います．

北村　全国一律でというのは，確かに難しいと思います．だからこそ都道府県の役割が重要であって，基礎自治体は近すぎて言えないし，だからちょうど中間の都道府県の役割というのがこれから重要になっていくだろう，ここはどうしようもないというところを最低限決めていくということはそれほど無茶なことではないだろうという気がするわけです．公共投資と移転費用との比較衡量をして，もう合わないというところは仕方がないと見切るのも必要ではないか

と思っているところです.

赤井　ありがとうございます．それでは，次のテーマとして，加藤先生と吉井先生が発表されたまちづくりとハードをどのように整備していくのかというところを議論できればと思います.

加藤　なぜ三宮を取り上げたのかといいますと，一つは国道 43 号線が震災で倒壊した時に，地元からはこれを地下に埋め込んでしまって臨海部の産業空間と都市空間を連接させることが都市経済の再生に最も重要だという提案をいたしました．われわれのこれまでの経験から，被災地外がこれまで通り変化・発展を続けているなかで，被災地ではこれまであったものを元に戻すことにとどめるということ自体がほとんど無意味です．どのように都市を復興していくのかということを考えた時に，例えば "Rust Belt" となっていた被災地の再生を，臨海部の産業空間を内側の都市空間と連接させることによって新しい都市空間にしていく，それによって自律的に再生していく，そういうメカニズムを起動しようという企てでもありました．そういうことも含めて被災地から提案をしましたけれども，原型復旧が原則にある災害対策基本法が地域の再生の力を結果的にブロックしてしまった．制度が地域の力を阻害することは，何とかしないといけない．次は，神戸医療産業都市であります．こういうバイオメディカルクラスターは，巨大な研究機関，大学があるのか，巨大な病院があるのか，大体どちらかからスタートを切るわけですけども，神戸にはどちらもなかった，売れ残ったポートアイランドでプロジェクトがスタート．今では，日本を代表するハイテククラスターに成長したのです．そういう意味では "Rust Belt" の「負のロック・イン」からは離脱できたのですが，進化が加速するハイテククラスターのマネジメントはなかなか難しいことも多いようです．現在，こうしたクラスターは，第 2 フェイズ，つまり量的なところから質的な展開に入ろうとしていて，それぞれの大学の個別文化，ビジネスの文化，病院の文化をどのように融合させるのかというところにきているような気がしております．そこを神戸が突破できるのかどうかというところだろうと思います．第 3 番目の長田のインナーシティのキーワードは，地域の中に稠密に形成された関係性だろうと思っています．経済地理学ではこうしたインナーシティの産業空間を地域産業コンプレックスと表現します．中小零細企業とそのコミュニティ，さ

らに商業等がすべて一箇所にまとまっていて，独特の地域，都市が作られていたのが，阪神・淡路大震災である意味崩壊というか変質してしまった．そこをどのように再生させていくのか，あるいは変えていくのかというところになっているわけです．その再生のプロセスで二つのインナーシティができてしまった，再生の過程で新しくできたインナー空間とこれまでどおりの関係性の中で生活しているインナー空間の二つが分離してしまい，うまく連動していないというのが最大の課題であろうと思っております．

吉井　加藤先生もおっしゃられましたように，実は阪神・淡路大震災の時の災害復旧は，災害復興ではなくて，コンテナバースを使わないところでもコンテナバースとして一旦復旧するというところから作業が入っています．その後の20年間，国はハブ機能のある港を作るのではなくて，どこでも震災は起こるのだからどこでも港が機能するように港湾の分散整備を展開したのです．その間，韓国と台湾はハブ機能のある国際港としての港を整備したので，私どもが国際ハブ機能を取り戻そうと思っても，実質は全く取り返せなかったわけです．それで，久元市長が就任されてから行った政策は，まず国内ハブ機能を取り戻すために，内航フィーダー網を週100便まで復活させて西日本諸港の貨物を全部神戸に集約しました．おかげさまで，昨年は震災以降最高取扱量を誇ったのですが，今後，中国，さらに西へとこれから世界の工場がシフトすれば，さらに世界の物流は増えていきますので，何とかしたいということで，昨年，六甲アイランドの南側に新しいコンテナターミナル専用の島の整備に着手することに踏み切りました．旧港については，ウォーターフロント開発をするということで，現在，旧コンテナターミナルには大学を誘致して整備しております．それから，都心に近いウォーターフロントには，コミュニティの要らないタワーマンション，文化施設，企業の本社の誘致を全部やってきました．もう一点，神戸空港は開港して12年になります．実は神戸空港が開港する時には，関西国際空港の第2期工事の予算が全くついていない中で開港するということでいろんな波及が起きました．その時に自治体合意の運用調整ということで，神戸空港は1日に30便に便数制限するという自主規制が行われました．その後，この神戸空港をどうするのかということになり，基本的には公共インフラを民間の方で維持管理していただくということで，関空，伊丹がコンセッションに

踏み切った直後に，私どももコンセッションに踏み切りました．今年の4月1日から関西エアポート3港の一体運営に入っています．私たちの目的は2つありまして，一つは3空港一体運営で航空事業を伸ばすこと，もう一点は民間のマーケットに委ねた民間事業者の運営を実現するということです．このコンセッションの手法はいろんな公共施設の方でも影響してくると思うので，今後の取り組みに期待したいと思っております．ということで，神戸空港はこれからいろいろな運用緩和に入っていけると思っているのですが，上村先生いかがでしょうか．

上村　神戸空港は運用制限をかけられていまして，2006年の11月に三空港懇談会という地元合意の会合があり，そこで1日往復30便しか飛ばせないことが決まりました．また，運用時間制限があり，国内便しか飛ばせないという3つの規制がかかっています．海上空港なのに24時間使えないという規制を今後外せるのかどうかというのが，神戸にとっては非常に重要な論点になっていますが，私自身は，コンセッションで民間運用をやっているので，できるだけこういった地元合意は外してゆくべきだと思っています．ただ，そこで非常に難しいのは，現在，神戸のまちづくり，再開発，三宮の再開発とかが行われようとしている時に，人口が減っていく局面になっているというところが，極めて神戸は不幸だと思っています．大阪は人口が増えていて，しかも再開発がそれに追いついて呼び水になっているところがある．姫路も人口はピークだと思いますが，ぎりぎり再開発は間に合っているというような状態です．ところが，神戸の場合は人口が減っている段階です．そういう意味で，神戸は大都市にとどまれるかどうかという非常に厳しいところに立っているという気がしています．そういうところは神戸市のインバウンドにもかなり影響が出ていて，エリア別の外国人訪問者推計値を見ると，大阪と京都は圧倒的な数で，神戸は一人負けの状態です．今後は，やはり都市の魅力を高めていかないといけないことは間違いないと思います．恐らく，神戸空港の運用制限の緩和があったとしても，都市の魅力がこのままだったら，全くインバウンドが増えない可能性が高いので，空港の話だけではなく，同時に神戸自体を魅力的な街にしていかないといけないと思っています．とにかく，財政的にも活性化できるような神戸にしていただきたいと思っています．

北村　基本的に景気のいい明るい話っていうのは大好きですけれども，同時に都市には影の部分が絶対あるわけで，特にインナーシティの問題は都市であるがゆえに大きな問題であります．そして，再開発を始めた途端にその新しいインナーシティに入ってきた人と古くからいる人たちとの軋轢が生じるというのはどこの街でも大阪でもあるわけです．加藤先生にむしろおうかがいしてみたいのは，新しい部分とステレオタイプなイメージの部分が結びついた成功例というのはあるのでしょうか．あればどういうところがキーになっているのかを教えていただきたいと思ったところです．

加藤　今すぐに思い浮かばないのですが，例えば，長田で起きていることは，ケミカルシューズ産業が縮小してしまって，その代わりに日本を代表するダンス集団がそこに入ってきています．何か白塗りの集団が長田の下町で踊るという奇妙なことをするのだそうで，はじめはかなり反発があったけれども，地域の人たちが面白がり始めています．これまで非常にある意味安定的な関係性を持っていたところが一部崩壊しつつ，しかし新しい人たちの刺激によって再編成される，その地域の人たちの価値観も変わりながら動き始めているという気もします．実際，地域の人たちに受け入れられて，長田の一部にはアーティストがどんどん入り始めているという話も聞きました．元に戻すことができないのであれば，どのようにして突破口を開きながら地域の人たちの中での関係性が変わっていくのかというところがキーであるという気もしました．

赤井　ありがとうございます．やはり新しいことをしていかないといけないということ，ただし，人口減少や財政難の問題があるので，これまで以上に効率的，効果的なものに集中していかないといけないと思います．せっかくの機会ですので，何かご質問等あればまとめていただいて，最後にこのパネルの討論者の皆さまの意見を質問の回答とともにいただきたいと思います．

川瀬　東洋大学の川瀬と申します．貴重なお話ありがとうございました．一番おうかがいしたいのは，イノベーティブな方法とはいったい何なのかということです．結局，誰と競争して何をしようとしているのかというところがキーになると思うので，そのあたりのお話をいただければありがたいです．

菊池　総務省の菊池でございます．総務省というよりも元神戸市民としてご質

問したいのですが，2017 年に神戸市から大阪市の方に転出超過になっている原因は大阪市にタワーマンションがいっぱい建って大阪市に勤務する人が大阪市内に住むようになってしまったということで，もうタワーマンション競争で神戸市は大阪市に負けた，それが今の神戸市の人口減少の原因になっているのではないかと考えています．都心部に人口を戻していくにはどういうスタンスで臨めばいいのか，上村先生と吉井先生のご意見を聞いてみたいと思います．

諸富　京都大学の諸富でございます．今日は，本当に刺激的な話をどうもありがとうございました．産業基盤がどうなっているのかということが非常に人口と関係してくると思います．神戸は雇用を通じて産業構造の転換を積極的に図ろうとしてきた都市だと思うのですが，今日，それが成功したのか，していないのか，外から見ていると旧来型の大企業，製造業が力不足でだんだん落ちてきて，製造業衰退の中でどのように第三次産業的なところへと転換していくかという先進国共通の課題がありますが，神戸はどうなのでしょうか．それから，福岡と比較した場合に，人口でも福岡は勢いがあって起業家の街としても非常に有名になってきていますが，神戸では起業はどうなのでしょうか．神戸は非常に住みやすく，教育水準も高い街で，起業という意味ではアドバンテージがあると思うのですが．

赤井　それでは，いただきました 3 つの質問やコメントも含めまして，最後に皆さまからお話をいただいて終わりたいと思います．

上村　イノベーティブについて私が思いついたのは，役所の中に政策形成能力を持つ人材をいかに増やすかということだと思います．あとは，地域のために動いてくれるプレーヤーが何人いるかということが極めて大事だと思います．そういうプレーヤーがいて，企業と役所の中に政策立案能力を形成できる人たちがいて，政策にイノベーションが起こるのではと思います．ただし，言葉で言うと簡単ですが，実際にどうなのかというと非常に難しいと思います．二つ目のタワーマンションの話ですが，神戸市でタワーマンションを建ててどんどん人口を増やすことは可能だと思うのですが，都市の中の中心エリアと周辺エリアでは状況がかなり違うと思っています．商業地域で，例えば旧居留地というところが三宮の南側にあるのですが，そこにタワーマンションがたくさん

建っていくということは，恐らく神戸の都市のブランドにかなり傷がつく可能性がありますので，ただ単に増やせばいいというのはちょっと違うのではと思います．三つ目の話ですけれども，私の感覚では，神戸は大阪と東京にかなり企業を取られています．ただし，最近の動きとしては，神戸の谷上というところに若手が集結してベンチャー企業の街を作ろうという動きがあるので，そういう意味では少し明るい兆しがあると思います．

加藤　企業のイノベーションと社会全体の制度，仕組みにかかわるソーシャルイノベーションの両輪で社会は進歩すると思っているわけですが，日本の場合はソーシャルイノベーションがほとんど機能してしないと思います．企業の方はさまざまなかたちで技術イノベーションを展開していますが，それを社会に定着させる制度，仕組みがほとんど動かない，一旦作った制度，仕組みに利権が発生して動かないというのが実態です．そこをどう動かしていくのか，いかに柔軟にしていくのか，それがすべてだろうと思っています．二つ目の企業の立地の問題は，神戸にとっては深刻で本当に大丈夫かと思います．神戸はまさしく古い産業都市で，かつて成功したことで新たに立地しようとするヒドゥンコストが大変大きい，要するに，目には見えないコストが古くからの産業の関係性の中でがっちりと作られて，新たにやってくる人たちの展開を抑えているかのように思っています．もし神戸がかつて成功したことでヒドゥンコストが大きいということであれば，その地域のプラットフォームを作ることによってそれを抑え込む，そのコストを小さくすることによって企業を立地するインセンティブにしていくということは可能ではないかと思っております．

北村　イノベーションといいますか，都市が生き残っていくには，都市の付加価値をどのようにつけていくかだと思います．例えば，もしタワーマンションを作られるのであれば，どうやって街のにぎわいとか商業地区としての付加価値を残していくかを考えていただきたいと思います．そして，イノベーションを起こすにはいままで見過ごされてきた地域の伝承や文化，物語を重視し，それとテクノロジーや産物と結び付けて付加価値を上げ，お金が落ちるという仕組みを作られたらどうかと思っております．あともう一つ，滋賀県から吹田市，吹田市から大阪市のように，人口移動が始まっております．やはり地価が下がって人口が減るというのは当たり前ですので，「明石との戦い」に気を取られが

ちな神戸ですが，大阪に人口が再び吸引されていくことにどのように対処するのかを少し戦略的にお考えになった方がいいのではという気がいたしました．

吉井　ちょっと職を忘れて言わせてください．まず，イノベーションですが，AIの導入によって労働力を他に割いていくともう労働力は確保できません．もう一つのタワーマンションですが，実は個人的には反対で，神戸のタワーマンションと大阪のタワーマンションと東京のタワーマンションは性格が全く違います．神戸のタワーマンションは敷地が狭すぎて中途半端なものしか建たないので，やめたほうがいいという結論になります．それから産業構造の転換については，35年間都市開発に取り組んできた結論としては，市が誘導してきたものはよくなかったということです．

赤井　ありがとうございました．やはり人口減少は避けられないので，イノベーション，AIを使ったりしながら，競争よりもアイデアを出しながら協調していくことが必要なのではと思います．そして，京都，大阪，神戸が連携とか協調を推し進めながら人口減少に向かって立ち向かっていくというのがいいのではないかと考えます．また，長田のような小さい街でも，イノベーションとか新しい芸術とか，AIとか人とかを取り入れていけば都市再生も進んでいくのではと思います．いろんな視点が出てきましたので，このあともこの続きの議論をしていくのが良いと思います．本日はこれで終わりたいと思います．ありがとうございました．

※シンポジウムの基調講演，パネルディスカッションは，大会実行委員会の責任による抄録です．

第2部　研究論文

年金課税強化が市区町村の個人住民税課税ベースに与える効果[※]——2006年度税制改正のケース——

八　塩　裕　之

（京都産業大学経済学部）

要　旨

　日本の個人住民税制は公的年金給付に対し寛大な控除を認める結果，課税ベースが侵食されている．これによって比較的担税力があると考えられる豊かな高齢者の税負担が軽減されるとともに，近い将来，都市部で高齢化が本格化すれば，その税収の減少も大きな問題となると考えられる．

　一方で2006年度税制改正では，公的年金等控除の縮小や老年者控除の廃止による年金課税の強化が行われた．本稿では，この税制改正が各市区町村の住民一人当たり課税所得額に及ぼした影響を，税制改正前後の期間における全国市区町村のパネル・データを用いた計量手法で分析する．そしてこの年金課税強化がなければ，高齢化が進む地域の住民税課税ベースの侵食は今よりもっと進んでいたが，課税強化によりそれは一定程度，緩和されたことを示す．

　公的年金等控除は2006年度税制改正以降も依然大きく，更なる改正の余地がある．高齢化による住民税の課税ベース侵食を緩和する点で，そうした改正は重要な政策課題であることを主張する．

　キーワード　個人住民税，年金課税，税制改正

1.　はじめに

　日本の所得税制度における公的年金給付の扱いは，拠出段階で保険料を課税

[※]日本地方財政学会第26回大会において、討論者の宮崎毅先生（九州大学）から有益なコメントをいただいた．また、匿名の2名の査読者からいただいたコメントにより、本稿は大幅に改善された．これらに対し深く感謝したい．

ベースから除く一方，給付段階で課税する考え方をとる．しかし現実には給付段階でも寛大な公的年金等控除が適用されるため，結局はかなりの部分が課税されず，所得税の課税ベース侵食を引き起こしている（麻生，1995；下野・竹内，2011）．こうした批判を受けて，年金課税は2005年度（住民税は2006年度）に強化された（公的年金等控除の縮小と老年者控除の廃止）．しかし公的年金等控除は依然大きく，多くの論者（例えば八代，2013）が更なる控除の縮小を主張する．

　公的年金等控除のもう一つの問題は，地方の個人住民税（所得割[1]．以下では単に「住民税」とよぶ）の課税ベースの侵食である．住民税は地方税収の3割を占め，固定資産税と並ぶ地方の基幹税だが，高齢化が進む地方部では勤労所得者が減って年金受給者が増え，その課税ベースの侵食が進んでいる．

　住民税の税収ロスの多くは制度上，地方交付税で補われるが，問題はそれで解決しないことを3つの点で指摘したい．第一に，住民税は「地域社会の会費」といわれ，住民が能力に応じて広く負担を分任すべきといわれる点である（政府税制調査会，2016）．しかし，公的年金等控除によって収入が同じ給与所得者よりも年金受給者の税負担が軽減されることや，比較的担税力のある豊かな高齢者の負担が大きく軽減される実態は[2]，これに反すると考えられる．第二に，地方税で重視される「限界的財政責任」との関係である．「限界的財政責任」の考え方（佐藤，2011）では，自治体が追加で供給する公共サービスの財源を住民の税率引上げで賄う体制をとることが効率的な公共サービス供給につながる（Oates, 1972）．しかし公的年金等控除によって多くの高齢者の税負担がゼロだと，税率を引き上げてもその負担はゼロのままのため，住民税はこの機能を持ちえない．もちろん，現在の日本の地方財政制度で限界的財政責任の機能を有効にするには，住民税だけでなく地方財政制度の様々な改革が必要だが[3]，年金課税制度改革はその中の欠かせない改革の一つである．そして第三に，交付税が増えれば国の財政が圧迫される問題である．高齢化がおもに地方部で起きている現在，この問題はあまり深刻でないかもしれない．しかし近

---

(1)　本稿では金額が小さい均等割は分析から外した．

(2)　後述のように公的年金等控除は給与所得控除よりも大きい．また，所得控除の負担軽減効果は所得の高い人に大きく及ぶため，富裕な高齢者ほど公的年金等控除で税負担軽減が大きくなる．

(3)　日本では住民税の税率はほとんど固定されており，「限界的財政責任」はほとんど機能していない．また，この機能を有効にするには，交付税の改革なども必要である．

い将来，高齢化が都市部でも本格化した段階では，深刻な問題になると考えられる．以上の点から，所得税だけでなく住民税の視点からも，年金課税の改革が必要と考えられる．

　本稿では以上の問題意識をもとに，住民税の年金課税の実態を分析する[4]．高齢化による住民税課税ベースの侵食を都道府県で分析した八塩 (2013) を，次の二点で拡張する．第一に市区町村で分析する．高齢化による課税ベース侵食は都道府県よりも市町村でより深刻であり，その実態を示す．第二に，先にも触れた 2006 年度の年金課税の強化に注目する．その課税ベースの拡大効果が，高齢化がとくに進む地方部の市町村で大きかった実態を分析する．先述のように 2006 年度改正後も年金控除は更なる縮小の余地があるが，こうした改革が，高齢化が進む住民税の課税ベースの侵食を緩和する点で重要である点を主張する．

　分析では，2006 年度税制改正前後の市区町村パネル・データを用いる．年金課税強化による課税ベースの拡大効果は高齢化が進む市区町村ほど大きく及ぶと考え，市区町村の住民一人当たり課税所得の変化を分析した[5]．

　税制改革効果の分析などで通常，強調される点は，改革実行時に同時に生じているトレンドや一時的なショックをどう扱うかであり，本稿でもこの問題が重要と考えられた．すなわち，トレンドによる所得の変化などを適切にコントロールしなければ，推定される税制改正の効果はバイアスを含む．本稿では本来，モデルに含むべきだが入手できず欠落した変数がトレンド的に変化することや，この時期に発生した新潟県中越地震による影響が問題として考えられた．そこで税制改革が課税所得に及ぼす効果を分析した一連の先行研究(Gruber and Saez, 2002; Singleton, 2011; Weber, 2014; Mattika, 2014 など) を参考に，説明変数に各市区町村の課税所得の過去値（のスプライン）や自治体の性質を反映する様々な変数を加えることで問題に対処した．ほかにも説明変数の一部を入れ替えるなどで，結果の頑健性を確認しつつ分析を進めた．

---

(4)　同様の問題意識をもとに Manzi et al. (2006) は，アメリカの州の所得税における年金への特例が将来的に問題を引き起こすと論じている．

(5)　年金課税改革は 2004 年度税制改正で決まったが，住民税は 2006 年度に実施されたため，本稿では「2006 年度改正」とよぶ．

なお，税制改正があった2006年度は正に平成大合併の最中であり，当時の市区町村データから直接，分析ができなかった．そこで当時の市区町村データを，現在の市区町村をベースに集計し直して分析を行っている．

本稿の構成は以下である．まず第2節で，近年の住民税の課税ベースの市区町村別状況と2006年度の税制改正について述べる．第3節では分析モデルとデータを説明し，第4節で分析結果を報告する．第5節は総括である．

2. 近年の住民税課税ベースの状況と2006年度の年金課税強化

2.1 市区町村別の住民一人当たり課税ベースの状況

2000年代以降，住民税の課税強化が相次いだ．2007年度の三位一体改革による税源移譲以外にも，課税ベースの拡大が何度か行われた．本稿で注目する2006年度の年金課税強化に加え，配偶者特別控除の縮小（2005年度）や年少扶養控除の廃止（2012年度），給与所得控除の上限設定（2005年度）などが実施された．

しかし高齢化が進む市町村の住民税の税収基盤は弱いままである．図1は2016年度『市町村税課税状況等の調』（総務省）を用いて，横軸に高齢化率（65歳以上人口比率），縦軸に住民一人当たり課税所得額（千円．分離課税される土地譲渡益などは除いた．）をとった全国市区町村の散布図である[6]．住民税は前年課税のため高齢化率は2015年の値を用いた．比例税なので，縦軸に住民税収をとっても同じイメージとなる．

図によるとバラツキは大きいが，高齢化率が高い市町村ほど，その住民一人当たり課税所得は平均（68.6万円）以下となり，高齢化率が0.4を超えると大半が平均を大きく下回る．住民税は固定資産税に次ぐ市町村の基幹税であるが，実際には高齢化率が0.3を超える自治体でその税収が一般会計歳出に占める比率は平均4.4%，0.4を超えるとわずか2.4%にとどまる（全国平均は8.4%）．

次に図2では，高齢化が進む自治体で課税ベースの侵食が進む傾向があることを示す．この図は全国市区町村について，2001から16年度まで

---

[6]　自治体の税収分析では通常，住民一人当たり税収が用いられる．

図1　高齢化率（2015年）と住民一人当たり課税所得（2016年度）の関係

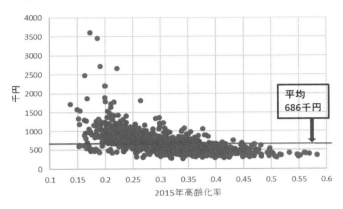

（資料）総務省『市町村税課税状況等の調』などより筆者作成．

図2　高齢化率と住民一人当たり課税所得の変化率（2001-2016年度）の関係

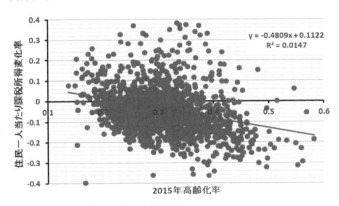

（資料）総務省『市町村税課税状況等の調』などより筆者作成．

15年間における住民一人当たり課税所得額（分離課税は除く）の変化率と2015年の高齢化率との散布図である．この間にあった平成大合併の影響を避けるため，当時のデータを現在の市町村に集計し直して計算している．この図もバラツキが大きいが，右下がりの傾向は明確である．線形回帰式（Y＝－0.4809X＋0.1122）に高齢化率40％（X=0.4）を代入すると課税所得の変化率は－9.1％，X=0.25なら－0.8％であり，高齢化が進む地方ほど課税所得が縮んだことがわ

かる.

しかしこの図2は，先に述べた近年の税制改正による課税ベースの拡大を含む点に注意が必要である．これらの改正がなければ，課税ベースの侵食はもっと進んでいた．本稿で注目するのは2006年度の年金課税強化である．高齢化が進む地方部の市町村の課税ベースの侵食を，この改正が一定程度食い止めた効果について分析する.

2.2 2006年度の年金課税強化について

図3は年金課税制度の中核である公的年金等控除の概要と，2006年度税制改正を示す．公的年金等控除を65歳以上と65歳未満に分けて示し，比較のため給与所得者に適用される給与所得控除も示した．ただし06年度以前は，65歳以上について老年者控除（住民税48万円）も加え，「公的年金等控除＋老年者控除」の合計額を示した[7].

図に示すように，06年度改正前に65歳以上の年金受給者に対する控除は極めて大きかった．最低でも188万円の控除が認められ，基礎控除33万円を加えると221万円の年金給付が非課税となる．さらに他の所得控除を加えると，300万円近い年金が非課税となるケースも少なくなかったと思われる[8].

しかし06年度改正で老年者控除は廃止，公的年金等控除も縮小された．この結果，図示したように控除の最低額は120万円，基礎控除を加えると153万円まで引き下げられた.

この改正の効果を図4で概観する．図4の4つの図は，全国市区町村について，2004年度以降4年間の毎年の住民一人当たり住民税課税所得額の変化率を，高齢化率との散布図で示した．まさに平成大合併の時期（市区町村数は2004年3月からの4年で1300以上減った）であり，当時の市区町村を現在のそれに集計し直して図を作成した．本稿が注目する年金課税強化は2005-06年度の図に反映される．ただし前年の2004-05年度にも，配偶者特別控除の縮

---

(7) 老年者控除は65歳以上の勤労所得者にも適用されるが，65歳以上の大半は年金受給者であり，その廃止は実質的に年金課税強化である.

(8) もう一点，65歳以上について合計所得125万円までは住民税を非課税とする制度も，06年度に廃止された．経過措置で06年度は合計所得125万円以下の場合税負担額を1/3，07年度は2/3に軽減したが，課税ベースは2006年度に一度に拡大された.

年金課税強化が市区町村の個人住民税課税ベースに与える効果　　41

図3　年金課税制度改正

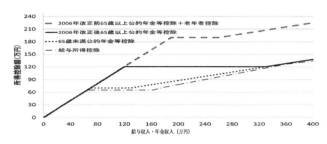

(資料) 筆者作成.

図4　2004-08年度における高齢化率と住民一人当たり課税所得変化率の関係

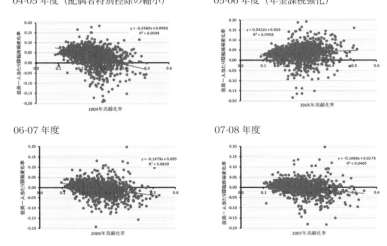

(資料) 総務省『市町村税課税状況等の調』などにより筆者作成.

小により課税ベースが拡大された.

　図より年金課税強化の効果をみてとれる. すなわち基本的に課税所得の変化率は高齢化率に対し負の関係であるが, 2005-06年度に限りこの傾きは負となっていない. また配偶者特別控除が縮小された前年度 (2004-05) でもこうしたことは起きておらず, 年金課税強化による特有の効果といえる. 以上の認識をもとに, 次節以降でその効果を計量手法で分析する.

3. 分析モデルとデータ

3.1 分析モデル

本稿では，税制改正前後の市区町村データを用いて税制改正効果を分析する．こうした分析では Difference-in-Difference（DID）がよく用いられるが，後述のように本稿ではトリートメント・グループとコントロール・グループが明確に分割できない．そのため DID とは異なるが，分析の考え方は DID と近い．

分析の考え方を（1）の線形モデル[9]で示す[10]．

$$tb_{ti}=(\beta_{ref} \cdot yeardum_{06} +\beta_0)\, pen_{ti} + x_{ti}\beta +\Sigma_i\gamma \cdot citydum_i +\gamma \cdot yeardum_{06}$$
$$+\alpha+\varepsilon_{ti} \tag{1}$$

左辺 tb_{ti} は t 年度の自治体 i における「住民一人当たり住民税課税所得額」（住民全体の課税所得総額を人口で割る．ただし分離課税は除く）である．t は年金課税が強化された前後の 2005，06 年度，i は当時の市区町村を合併後の現在の市区町村で集計し直した 1,741 市区町村である．

一方，右辺には税法上の課税所得計算で用いる所得額や控除をいれる．例えば自治体住民一人当たりの年金受給額や勤労所得額，所得控除などである（後述）．ただし他にも本来，説明変数にいれるべきだが入手できない変数があり，それを補うため市区町村ダミー（$citydum_i$）と年度ダミー（$yeardum_{06}$，2006 年度を 1）をいれた．入手できない変数が変化せず一定なら，それは市区町村ダミーに反映される．ただしその変数が変化する場合，別途対処が必要になる（後述）．また，年度ダミーは年度固有の要因を反映する[11]．

本稿で注目する年金課税強化効果をまず説明する．右辺第一項の pen_{ti} は，t

---

[9] 『市町村税課税状況等の調』に示される各市区町村の所得控除額を直接用いることは，以下の理由で難しいと判断した．このデータの問題は納税額があった個人のみを扱い，税額ゼロの個人はデータ対象外となる点である．そのため，データに記された各種控除額は実態とかけ離れた小さい値であり，その傾向は（年金受給者で税額ゼロが多い）公的年金等控除や老年者控除で顕著であり（西沢，2011），用いることは適当でないと考えた．

[10] 対数をとることも可能である．

[11] 2006 年度の定率減税縮小は全国一律のため，年度ダミーに反映される．

年度の自治体 i における「住民一人当たり公的年金受給額」（住民が受け取る公的年金受給総額を住民数で割る）である（住民税は前年課税であり前年度（04，05 年度）の値を用いるが，簡略化で t ＝ 05,06 と示す．前年課税は今後，必要な場合のみ触れる）．β_0 は pen_{ti} に対する課税強化前の課税所得比率で [12]，それが税制改正後に β_{ref} ＋ β_0 となったと考える（β_{ref} に 06 年度を 1 とするダミー変数を掛け合わせる）．本稿ではこの β_{ref} に注目する．また x_{ti}（ベクトル）は勤労所得などそれ以外の変数であり，β（ベクトル）はその係数である．

06 年度から 05 年度を引くと (2) になる．$\Delta(\cdot_i)$ は自治体 i の変数の階差を示す．

$$\Delta(tb_i) = \beta_{ref} pen_{06i} + \beta_0 \Delta(pen_i) + \Delta (x_i)\beta + \gamma + \Delta(\varepsilon_i) \tag{2}$$

DID では政策効果を反映する変数（本稿では pen_{06i}）が 1（トリートメント）か 0（コントロール）となるが，本稿では自治体ごとに pen_{06i} が異なり，こうした明確なグループ分けはできない．しかし pen_{06i} が大きい自治体ほど税制改正で課税所得が増えると考え，それが $\beta_{ref} pen_{06i}$ に反映される [13]．

また (2) の右辺第二項（$\beta_0 \Delta(pen_i)$）は 1 年間の年金給付増加（$\Delta(pen_i)$）がもたらす課税所得の増大を，税制改正前の課税所得比率（β_0）で評価した．ただし，第 2 節で述べたように改正前の年金の課税ベースはとくに狭く，β_0 は小さいと考えられ，またわずか 1 年の変化のため $\Delta(pen_i)$ も小さい．次節で述べるように適切なデータが得にくいため $\Delta(pen_i)$ は分析から外すが，この点は改めて後述する．また，$\Delta(pen_i)$ が欠落する問題へのモデル上の対応はこの後，説明する．

3.2 トレンドや一時ショックの扱い

しかし (2) で計測された β_{ref} はバイアスを持つ可能性がある．本稿では x_{ti} に十分な数の変数が得られず，また上記で触れた $\Delta(pen_i)$ も含めて，一部の変数が欠落する．欠落変数が変化せず一定ならば階差で消去されるが，2 年間で変化し，それが残差に含まれて税制改正の効果と相関を持てば問題となる．こ

---

[12] 年金は給与や事業所得と合算して課税するため，「年金に対する課税所得比率」を厳密に定義できるわけではない．ここでは給与などと合算する人は課税所得を給与と年金の比率で分配する，と便宜上考える．ただし上述のように β_0 は計測しない．

[13] pen_{06i} の二乗項もいれたが，有意にならなかった．

の点を，政策効果の分析として代表的なアメリカの「課税所得の弾力性」研究
などを参考に，以下で２点述べる．

　一点目は欠落変数のトレンド変化である．本稿では後述のように都市圏と
地方圏で勤労所得が異なるトレンドで変化する場合，それを x_{ti} で適切にコン
トロールできない可能性がある．また，各市区町村の社会保険料控除の額や
$\Delta(pen_i)$ で適切な変数が得にくく欠落する．これらの変化が税制改正の効果と
相関を持てば，計測結果はバイアスを含む．

　二点目は一時的ショックを反映する変数である[14]．本稿で考慮すべき点と
して，2004 年の新潟県中越地震の影響が考えられた．地震被害による所得減
少や雑損控除適用で 05 年度（前年課税のため地震のあった 04 年の翌年）の被災
地の課税所得は減少する一方，翌 06 年度は復興で税制改正の有無にかかわら
ず課税所得は増加した．この点はモデルで考慮する必要があると考えた[15]．

　この問題の対処として，課税所得の弾力性の研究にならい変数 z_i（ベクトル）
を追加する．

$$\Delta(tb_i) = \beta_{ref}\,pen_{06i} + \beta_0\Delta(pen_i) + \Delta\,(x_i)\beta + z_i\delta + \gamma + \Delta(\varepsilon_i) \tag{3}$$

まず２点目の中越地震の対処として，被災地ダミーを z_i に加える（06 年度に
課税所得は増えるので，係数は正）．一方，１点目のトレンドは，それが課税所得
に比例的に生じると考えてベース年度の課税所得（すなわち tb_{05i}）を z_i にいれ
たり（Auten and Carroll, 1999），課税所得階級ごとのトレンドの違いまで考え
て，そのスプラインを加えることが提案されてきた（Gruber and Saez, 2002）．
しかし近年では，ベース年の課税所得は内生変数のため（Matikka, 2014），十
分ラグをとった過去値（のスプライン）を入れるべきとされる[16]（Weber,

---

(14)　アメリカの「課税所得の弾力性」計測では「平均回帰効果」が重要となった．そこでは減税が
　　所得最上位層になされたが，減税の前年にたまたま所得が高く，減税有無に関わらず翌年に所得が
　　減少する人が多く存在し，税制改革効果の計測にバイアスが生じた．しかし本稿の場合は増税対象
　　が高齢者全般で所得最上位層ではなく，この問題は起きない．

(15)　2005 年に起きた福岡西方沖地震の被災地では課税所得変化は見られなかった．一方，中越地
　　震被災地では課税所得の大きな変化が見られた．

(16)　より厳密には，Gruber and Saez (2002) がベース年度の課税所得を説明変数に入れたのは，
　　用いた操作変数の内生性を取り除くためであった．しかし Weber (2014) はこの問題点を論じた
　　うえで，トレンド補正の際にも課税所得の過去値を用いるべきだと述べた．

2014)．一方，他の対応手段として，トレンドを反映しうる各自治体の特徴を説明変数に入れることができる（MaCurdy, 1982）．本稿では都道府県や行政組織（県庁所在地や23区など）のダミー，産業構造などが考えられる．これらを入れることで誤差項と説明変数の相関は緩和され，より望ましいβ_{ref}の推定値が得られると考えた．

3.3 データ

3.3.1 被説明変数 $\Delta(tb_i)$ と pen_{06i} の作成

データを説明する．表1にその一覧を示した．

まず被説明変数の $\Delta(tb_i)$ は，『市町村税課税状況等の調』（総務省）における各市区町村の住民税課税標準額（ただし，土地等の分離課税分は除いた）[17]を『住民基本台帳年齢別人口（市区町村別）』（総務省）の市区町村人口で割って計算し，階差をとった．

次に説明変数に移る．なお，各変数の内生性の問題はここでは最低限にとどめ，項を分けて論じる．

まず pen_{06i}（「2006年の住民一人当たり年金給付額」）は，各市区町村の住民が受け取る年金受給総額を人口で割って求める．ただし各市区町村の年金受給総額データが入手可能なのは2009年度以降（厚生労働省『厚生年金保険・国民年金事業市町村別状況』）であり，税制改正時のデータは入手できない[18]．そこで2005年度（前年課税なので，これを pen_{06i} に用いる）の年金受給総額を，4年後である2009年度のデータを用いて以下で推計した．

$$2005 年度の年金受給総額推計値_i = 2009 年度の年金受給総額_i \times A_i \quad (4)$$

A_i は2005年度に自治体iの住民が受け取った年金受給総額の2009年度値に対する比率を反映する．A_i は様々なケースを試したが，以下が一番よいと判断した．

---

(17) 『市町村税課税状況等の調』第11・12表を用いた．データを提供いただいた総務省自治税務局に感謝申し上げたい．

(18) 国民年金と厚生年金の給付総額のデータがあるが，給付が小さい国民年金は住民税が課税されないため，厚生年金の総額を用いた．また共済年金はデータを得られなかった．

表1 分析で用いる変数と記述統計量

		単位	データ数	平均	標準偏差	最小	最大
$\Delta (tb_t)$	「住民一人当たり課税所得」階差	千円	1741	25.29	26.912	−178.42	311.54
pen_{06i}	「2006年住民一人当たり年金給付」(年金課税強化効果)	千円	1741	134.71	46.111	9.74	356.47
$\Delta(pen_i)$	「住民一人当たり年金給付」階差			使用せず			
$\Delta(x_i)$	「住民一人当たり勤労所得」階差	千円	1741	11.26	21.491	−134.24	157.68
	「課税所得700万以上の住民比率」階差	%ポイント	1741	0.006	0.124	−1.796	1.507
	「高齢化率」階差	%ポイント	1741	0.496	0.404	−5.403	10.608
	「子ども比率」階差	%ポイント	1741	−0.379	0.375	−10.665	5.658
z_i	中越地震ダミー	0or1	1741	0.006	0.076	0	1
	東京23区ダミー	0or1	1741	0.013	0.114	0	1
	政令指定都市ダミー	0or1	1741	0.012	0.107	0	1
	県庁所在地ダミー	0or1	1741	0.027	0.160	0	1
	市ダミー	0or1	1741	0.466	0.498	0	1
	町ダミー	0or1	1741	0.424	0.495	0	1
	都道府県ダミー	0or1	1741	-	-	0	1
	第一次産業就業者比率	%	1741	12.4651	10.697	0.008	77.912
	第二次産業就業者比率	%	1741	27.662	8.271	1.257	52.872

(資料) 筆者作成.

$$A_i = \frac{\Sigma_{a=60} \ (\text{05年度の} pop_{i,a} \times \text{05年度の老齢年金月額全国平均値} a)}{\Sigma_{a=60} \ (\text{09年度の} pop_{i,a} \times \text{09年度の老齢年金月額全国平均値} a)} \times$$

$$\frac{\text{自治体} i \text{がある県の05年度老齢年金月額全国平均値}}{\text{自治体} i \text{がある県の09年度老齢年金月額全国平均値}} \tag{5}$$

　(5) の右辺の最初の部分は，2009年度と2005年度について，$pop_{i,a}$（自治体 i の a 歳人口）と a 歳の人が受け取る老齢年金月額の全国平均値を掛け合わせた項を，60歳以上の各年齢ですべて合計し [19]，その比率をとった．ただ

---

(19)　実際，各年齢で平均受給額はかなり差が存在する．また，当時は年金給付の定額部分を3年に 1歳ずつ引き上げており，それによる年齢ごとの給付額の違いも (5) で反映できる．なお80歳以上の人口は合計値である．

しここでは老齢年金月額の全国平均値を用いており，地域ごとに異なる老齢年金月額の4年間の変化を反映できない[20]．そこで右辺の後ろの項で，自治体iがある県の2009年度老齢年金月額平均値と2005年度値の比率を掛け合わせた．なお，a歳の老齢年金月額の全国平均値や都道府県ごとの老齢年金月額平均値は，厚生労働省の『厚生年金保険・国民年金保険事業の概況』各年度版より得られる．また各年度の$pop_{i,a}$は，毎年発表される『住民基本台帳年齢別人口（市区町村別）』の5歳刻み人口に橋本・呉（2002）の方法を適用して，自治体iの1歳刻み人口を推計した．

　上記の方法が実際値をどこまで再現できるか確認する必要がある．そこで実際にデータが得られる2009年度以降で上記の推計を行い，実際値と比較した．まず2009年度の4年後である2013年度のデータで（4）と（5）を用いて2009年度の推計値を計算し，それと2009年度の実際値との相関係数をとると，0.989と高い値が得られた．さらに観測誤差がある説明変数が満たすべき条件のチェックとして（Wooldridge, 2010），推計値と実際値の誤差と推計値の相関係数をとると，相関係数は−0.18にとどまった．また，2014年度と2010年度，2015年度と2011年度のデータでも同様の結果が得られた．3つのいずれの年度も推計値は実際値より少し大きくなる（約1.1倍）が，これは回帰に定数項を入れるため問題ないといえる（Wooldridge, 2010）．他の様々な推計も試したが，上記の推計値が最も望ましい結果を得られたため，この推計値を説明変数とした[21]．

　次に$\Delta(pen_i)$（住民一人当たり年金給付増加額）であるが，以下の理由で分析から外した．まず既に述べたように2009年より前のpen_{ti}のデータは入手できず，再び（4）と（5）で$\Delta(pen_i)$を推計する必要がある．この推計値が適切かどうかを確認するため，再び2009年と2013年のデータで推計値と実際値の相関係数をとると，0.1と非常に小さかった（2010年と2014年も同様）．pen_{ti}の推計値は実際値と強い相関（約0.99）を持つ一方，$\Delta(pen_i)$でそうなら

---

(20)　a歳の人が受け取る老齢年金月額の自治体i（または都道府県）の平均値は入手できない．

(21)　例えばA_iに，単純に2009年度と2005年度の自治体iの65歳以上人口比率を用いても，相関係数は常に0.99を得られた．しかし推計値と実際値の誤差と推計値の強い相関（0.7〜0.8）が認められた．また，各年齢の受給者数などを反映させる推計値も試したが，実際値との相関が弱くなるなどで望ましい結果が得られなかった．

なかった理由として，pen_{ti} の階差である $\Delta(pen_i)$ は非常に小さく（2009年以降データでは大半の自治体で $\Delta(pen_i)$ は pen_i の 1〜5％程度しかない），pen_{ti} のわずかな誤差が $\Delta(pen_i)$ では大きな誤差になるためと考えられた[22]．そのため，(4) と (5) の方法で $\Delta(pen_i)$ の再現は難しいと考えた．

ただ $\Delta(pen_i)$ に加えて係数 β_0 も小さいため[23]，課税所得変化全体における $\beta_0 \Delta(pen_i)$ の説明力は非常に小さいと想定される．欠損値を補う z_i も活用するため，$\Delta(pen_i)$ を省くことは大きな問題とならないと判断した[24]．

3.3.2 $\Delta(x_i)$ と z_i の作成

次に他の説明変数（$\Delta(x_i)$）を説明する．住民税の課税所得は所得から所得控除を引いて計算するため，所得や所得控除の計算に必要な変数を加えた．

まず，勤労所得の変化をコントロールするため，「住民一人当たり勤労所得額の階差」を入れた．しかし都道府県が毎年公表する『市町村民所得』の勤労所得を直接用いると，内生性の懸念がある．また，『市町村民所得』を分析に使える形で公表するのは29府県にとどまり，全国データが得られない問題もあった[25]．そこで2005年度の自治体 i の勤労所得総額を，各市区町村の産業別就業者数と各産業別の全国平均所得額を掛け合わせて (6) で計算した（N=19 は産業の数）[26]．

---

[22] pen_i の 1〜2％の誤差でも，$\Delta(pen_i)$ が pen_i の 5％程度の大きさならば，かなり大きな誤差になりうる．

[23] 全国の個票で計算した八塩・蜂須賀（2014）によると，課税所得比率は年金給付全体の 7〜8％しかない．

[24] また，$\Delta(pen_i)$ と pen_{06i} の相関も弱い（これも2009年度以降のデータで確認した）ため，$\Delta(pen_i)$ が欠損値となることが，少なくとも本稿で関心のある β_{ref} の推定値に大きな影響を及ぼすこともないと考える．

[25] 18都道府県は北海道，岩手，福島，群馬，東京，千葉，神奈川，富山，石川，福井，山梨，長野，大阪，岡山，香川，高知，長崎，宮崎．福島はデータ公開が05年から（前年課税なので04年のデータが必要）であった．

[26] 2005年産業大分類19業種のうち，公務員と農林水産業は平均所得のデータが『賃金構造基本統計調査』になく，『地方公務員給与実態調査』（総務省）と『税務統計からみた民間給与の実態』（国税庁）の値を用いた．

$$勤労所得総額_{05i} = \sum_{n=1}^{N=19}(産業nの就業者数_{05i} \times 産業nの全国平均所得_{05}) \quad (6)$$

(6) を回帰に用いる意味は，「全国平均で所得が上昇した産業」の就業者が増えた自治体で，課税所得が増える」である．産業nの全国平均所得額は『賃金構造基本統計調査』（厚生労働省）各年版を用いた．一方，各市区町村の産業別就業人口は2005年『国勢調査』（総務省）で入手できるが，階差をとるため2004年度の値も必要である（『国勢調査』は5年に一度）．そこで2005年『国勢調査』の結果と『労働力調査年報』（厚生労働省）に毎年示される全国の産業大分類別就業者数を用い，（7）で計算した．

$$産業nの就業者数_{04i} = 産業nの就業者数_{05i} \times \frac{04年の産業nの全国就業者数}{05年の産業nの全国就業者数} \quad (7)$$

各市区町村の勤労所得総額を直接用いないため内生性が弱まる（なお，各市区町村の産業別就業人口の内生性は後述）が，別の問題もある．例えば都会と地方で産業nの所得に異なるトレンドがある場合（全国平均を用いるため）反映できず，それが誤差に含まれてpen_{06i}と相関を持つ可能性がある．そこで別途，トレンドのコントロールが必要になる．

なお頑健性の確認のため，先に触れた『市町村民所得』から勤労所得総額を入手できる29府県は，これを「住民一人当たり勤労所得」に直接用いるケースも（内生性の懸念はあるが）分析した．

二番目の$\Delta(x_i)$として，「自治体iの高所得者比率」の階差を入れる．「住民一人当たり平均所得が同じでも高所得者が多い（すなわちばらつきが大きい）」自治体ほど，課税所得額は大きくなる（高所得者ほど課税所得の比率は高いため．八塩（2013））．高所得者数を反映する変数として，自治体iの「課税所得700万円以上の住民比率」（ただし，分離課税分は除く）を用いた．課税所得700万円以上の納税者は国民全体の2％以下であり，十分「高所得者」である．この比率が高まった自治体の課税所得は増えるため，係数は正になる．データは『市町村税課税状況等の調』から入手できる（この内生性は後で検討する）．

以上が所得のデータであるが，税法ではここから控除を引くため，それを反映する必要がある．具体的には配偶者控除や扶養控除，社会保険料控除が考えられる．加えて，所得の捕捉率が低い事業所得者の所得情報などを変数に加え

ることが考えられる．しかし，もともと市区町村レベルで入手できる変数は少なく，また，合併前市町村の当時のデータを合併後で使用できないケースもある．入手可能な数少ない変数として扶養控除に関する，自治体 i の「14 歳以下人口比率」（2006 年はまだ年少扶養控除が存在した）と「高齢化率」（65 歳以上人口比率）の階差をそれぞれとり，$\Delta(x_i)$ に入れた（『住民基本台帳年齢別人口』で入手できる）．これらが増えた自治体は所得控除が大きくなるため，係数は負になる．

　以上が $\Delta(x_i)$ である．しかしこれ以外の控除の情報は欠落する [27]．分析期間が 2 年と短く，階差をとることでかなり吸収できるが，別の点として，先に述べた「住民一人当たり勤労所得」がトレンドを反映できない問題や $\Delta(pen_i)$ が欠落する問題がある．そこで z_i を加えるが，次にそれを説明する．

　z_i は大きく 3 分類できる．第一に，トレンドのコントロールとして先行研究でも頻繁に使われる「住民一人当たり課税所得のスプライン」の過去値である．Weber（2014）は 3 期のラグ値を用いており，ここでは 3 年前の「2002 年度住民一人当たり課税所得のスプライン」を用いた．第二に市区町村の性質を示す変数であり，都道府県や特別区，県庁，政令指定都市，市や町などのダミー変数と，第一次産業・第二次産業の就業者比率（2005 年『国勢調査』結果を用いる）を加えた．第三に中越地震の被災地ダミーをいれた．地震当日に災害救助法が適用された 10 市町村（合併後）を 1 とした．

3.4　内生性について

　次に，被説明変数である課税所得（tb_{ti}）の変化が説明変数に影響を及ぼす内生性（逆因果）について述べる．欧米の研究では課税所得の増大が，税率の低い自治体への人口移動を促して自治体所得が変化したり（Feldstein and Wrobel, 1998; Matikka, 2014），高い累進税率に直面する高所得者が労働供給を抑えたり節税，脱税を行う（Feldstein, 1995）問題が指摘される．日本では住民税率が一律のため前者の人口移動は深刻と考えにくく [28]，以下では後者の

---

(27)　『市町村税課税状況等の調』の各種控除の情報は，脚注 9 の理由で用いなかった．
(28)　社会保険料率の違いなど，人口移動を起こす要素がないわけではない．しかし，少なくとも分析対象の 2 年間で大規模な人口移動が起きたとは考えにくいと判断した．

労働供給や節税の問題を述べる．問題となりうる説明変数は「住民一人当たりの勤労所得額」と「課税所得700万円以上の住民比率」である．また，本稿で注目する「2006年度の住民一人当たり公的年金受給額」（pen_{06i}）にも懸念がある．

まず「住民一人当たりの勤労所得額」は，先述のように『市町村民所得』の勤労所得額を直接用いず「産業nの全国平均所得」を用いるため，問題は緩和される[29]．ただし，この式で用いるもう一つの変数「産業nの就業者$_{05i}$」は，例えば年金課税強化によるtb_{ti}増加が高齢者の就業を促し，地域の特定産業の就業者数を変化させるかもしれない．しかし先行研究によると，高齢者の就業はとくに労働需要の影響を大きく受けるとされる（三谷，2001）．年金課税強化による増税額はせいぜい数万円であり，地域の産業別就業者数がこれによって大きく変動するとは考えにくいと思われた．そこで，この変数は基本的に外生と考えてよいと判断した．

次に「課税所得700万円以上の住民比率」を検討する．この項の意味は「自治体内に高所得者が増えればtb_{ti}も増える」であり，「課税所得700万円以上納税者数」が地域の「高所得者数」を外生的に表すことが期待される．しかし逆因果的に，tb_{ti}が増えた自治体で，より多くの住民が節税などで700万円を下回るように課税所得を調整するならば問題になる．しかし以下の理由から，これは考えにくいと思われた．「700万円」は住民税率が10％から13％に上がるブラケット区分（三位一体改革前のため）だが，Saez（2010）は多くの先行研究より通常，所得税や住民税のブラケット区分は人々の行動に影響を与えない（ブラケット区分が影響を及ぼすのはEITCなどに限られる）と論じる．とくに本稿で分析する住民税は賦課徴収であり，納税者が納税申告で自ら計算する所得税と違い，納税者は計算しない（自治体が税額を計算し納税者に通知する）．また税率差も3％と小さいため，納税者がこのブラケット区分を殊更意識して課税所得を調整するとは考えにくい．そのため，この変数も基本的に外生と判断した．

---

(29)　労働供給が賃金率に及ぼす長期的な影響を分析したSören and Selin（2010）は，賃金率を内生変数と扱った．しかしSören and Selin（2010）も述べるように，短期については多くの先行研究同様，賃金率は外生的と考えられる．

ただし，これら2変数の内生性の疑いは完全には消えないかもしれない．適切な操作変数が見当たらずこの問題への完全な対処は難しいが，分析ではこれらの変数に対するいくつかの定式化を試し，少なくとも本稿で注目する β_{ref} の推定値が安定的かどうか，に注目して分析を行う．

内生性についてもう一点，「2006年度の住民一人当たり公的年金受給額」（pen_{06i}）にも懸念がある．年金課税強化が高齢者の労働時間の延長（先述した就業者数の増加だけでなく，パート労働者が残業で労働時間を増やすことも含む）を促した場合，その労働供給効果が誤差項に含まれれば，pen_{06i} と誤差項との相関が生じうる．この問題は操作変数法で対処する．80歳以上の高齢者は年金課税強化後も労働供給を増加させないと考え，80歳以上の住民が受給する年金受給総額を人口で割った値（$pen80_{06i}$）を pen_{06i} の操作変数に用いた．具体的には（4）の分子の最初の部分を60歳以上でなく80歳以上で合計した（すなわち，$\Sigma_{a=80}$(05年度の $pop_{i,a}$×05年度の老齢年金月額全国平均値 $_a$)）．

なお，各説明変数間の相関係数より計算した VIF 統計量は，いずれも10を明確に下回った．よって多重共線の問題はないと判断した．

4.　分　　析

4.1　回帰分析結果

分析結果を表2に示す．なお，t値はすべて標準誤差に robust standard error を用いた．

表の①では（2）式，すなわちトレンドを反映する z_i を用いないケースを OLS で分析した．年金課税強化効果を示す β_{ref} は強く正である．また「課税所得700万円以上の住民比率」が強く正になる一方，「住民一人当たり勤労所得額」は逆に負で有意（10%水準）となった．ただし，先述のようにこの項は地域で異なる勤労所得のトレンド変化などを反映しきれないため，このままでは説明力が弱い可能性がある．

そこで②では z_i を加え，トレンドなどのコントロールを行った．具体的には中越地震の被災地ダミー，「2002年度の住民一人当たり課税所得額のスプライン」，市区町村の性質を示すいくつかの変数を入れた．まず中越地震ダミー

の係数は，復興による06年度の課税所得増加で強く正となった．また，「2002年度の住民一人当たり課税所得」は大きく正であり，基本的には所得が多い自治体で課税所得は増加する傾向があるが，「住民一人当たり課税所得3rd」はマイナスで有意となるなど，所得階級での異なるトレンドが見られる．また新潟県ダミーは強く正であり，被災地ダミー以外の地域でも地震の影響を受けた可能性がある．

z_i を加えたことで，他の変数の係数も変化した．最も大きく変化したのが「住民一人当たり勤労所得の階差」の係数であり，逆に正で有意（10%水準）となった．z_i を加えることで，この項と誤差項との相関が弱まった可能性がある．また本稿で注目する β_{ref} は①の0.176から少し小さくなり，0.151となった．

③は②と同じ定式化だが，「2006年の住民一人当たり年金給付額」が内生変数の可能性を考え，操作変数を用いて2SLSで分析した．結果は②と同様であった．なお，操作変数を用いて「2006年の住民一人当たり年金給付額」の内生性をウ・ハウスマン検定でチェックしたが，内生性は検出されなかった．年金控除縮小による増税はせいぜい数万円であり，これが高齢者の労働供給を促進させる効果は，小さかったとも考えられる．

先述のように，$\Delta(x_i)$ の中には問題が払拭しきれない変数（「住民一人当たりの勤労所得額」と「課税所得700万円以上の住民比率」）がある．これらが β_{ref} に大きな影響を及ぼしている可能性をみるため，次の②″と③″では（極端な定式化だが）これらの2つを除いたケースを分析した．調整済み決定係数はかなり落ち，また z_i の係数推定値がかなり変化する．例えば「県庁」ダミーの係数が大きくなり，「2002年度の住民一人当たり課税所得」のスプラインの係数の大半や第二次産業就業者比率などの係数が明確に有意となった．また，（表に示さないが）いくつかの都道府県ダミーの係数が大きく変化した．このように，除いた2つの変数は z_i のいくつかと相関があると思われるが，β_{ref} は②・③と大きく変化しなかった．少なくとも，$\Delta(x_i)$ が β_{ref} に大きな影響を及ぼしているとは考えにくいと思われた．

次に，一部で被説明変数「住民一人当たり課税所得」の階差（$\Delta(tb_i)$）が非常に大きく変化する市町村があり，それらが大きな影響を及ぼしている可能性をチェックした（表の②‴と③‴）．具体的には全市区町村を04-05年度，05-06年度でそれぞれ tb_{ti} 変化率の順番に並べ，それぞれ上位・下位1%ずつ

表2 回帰分析結果

被説明変数	「住民一人当たり年金給付」							「住民一人当たり住民税課税所得」変化額		
分析手法	①	②	③	②'	③'	②''	③''	①'''	②'''	③'''
	OLS	OLS	2SLS	OLS	2SLS	OLS	2SLS	OLS	OLS	2SLS
β_{ref}「2006年住民一人当たり年金給付」（年金課税強化効果）	0.176***	0.151***	0.148***	0.155***	0.153***	0.149***	0.142***	0.112***	0.125***	0.163***
	12.034	8.093	7.817	7.975	7.646	10.340	9.798	7.040	6.764	7.386
β ($\Delta(x_i)$)「住民一人当たり勤労所得」階差	-0.057*					0.066**	0.069**	0.025**	0.109***	0.108***
	-1.797					2.215	2.315	2.048	4.555	4.547
「住民一人当たり勤労所得」（市町村民所得）階差		-0.065*	0.066*							
		1.901	1.931							
「課税所得700万以上の住民比率」階差	1.378***	1.242***	1.242***			0.951***	0.951***	1.746***	1.446***	1.455***
	10.457	10.397	10.390			8.549	8.529	4.705	4.757	4.799
「高齢化率」階差	-0.012	-0.019	-0.018	-0.008	-0.008	-0.047**	-0.046**	0.040	-0.003	-0.009
	-0.385	-0.485	-0.475	-0.205	-0.194	-2.007	-1.971	1.401	-0.090	-0.316
「子ども比率」階差	-0.009	-0.017	-0.017	-0.025	-0.025	-0.011	-0.011	0.061	0.013	0.008
	-0.236	-0.379	-0.372	-0.465	-0.459	0.512	-0.478	2.336	0.421	0.268
δ (z_i) 2006年度中越地震ダミー		0.353***	0.351***	0.449***	0.449***	0.158***	0.157***		0.098	0.097
		2.606	2.606	3.006	3.007	2.302	2.290		1.362	1.340
2002年度住民一人当たり課税所得		0.043*	0.043*	0.082***	0.082***	0.045**	0.045**		0.033	0.033
		2.917	2.918	3.843	3.843	2.988	2.988		1.466	1.440
2002年度住民一人当たり課税所得 2nd		-0.006	-0.006	-0.018***	-0.018***	-0.011**	-0.012**		0.003	0.003
		-1.003	-1.009	-2.507	-2.509	-2.292	-2.309		0.494	0.503
2002年度住民一人当たり課税所得 3rd		-0.007**	-0.007**	-0.014***	-0.006***	-0.006**	-0.006**		-0.004	-0.004
		-2.247	-2.256	-3.172	-3.182	-2.146	-2.169		-1.034	-1.003
2002年度住民一人当たり課税所得 4th		-0.003	-0.003	-0.006**	-0.006*	-0.002	-0.002		-0.004	-0.004
		-1.216	-1.215	-1.909	-1.913	-1.213	-1.212		-1.337	-1.247
2002年度住民一人当たり課税所得 5th		-0.004	-0.004	-0.002	-0.002	-0.003	-0.003		-0.002	-0.002
		-1.569	-1.557	-0.651	-0.644	-1.576	-1.546		-1.298	-1.305
東京23区ダミー		0.070	0.071	0.181	0.182	0.141**	0.144**			
		0.653	0.661	1.514	1.518	2.450	2.496			

	(1)	(2)	(3)	(4)	(5)	(6)	(7)	(8)	(9)	(10)
政令指定都市ダミー		-0.005 (-0.307)	-0.005 (-0.319)	0.022 (1.198)	0.022 (1.186)	0.002 (0.165)	0.002 (0.132)		-0.020 (-0.852)	-0.021 (-0.907)
県庁所在地ダミー		0.029** (2.021)	0.029** (1.996)	0.052*** (2.728)	0.051*** (2.717)	0.024* (1.786)	0.023* (1.732)		0.023 (1.311)	0.028 (1.556)
市ダミー		0.011 (0.360)	0.011 (0.380)	0.024 (0.671)	0.024 (0.684)	0.016 (0.797)	0.017 (0.879)		-0.008 (-0.215)	-0.012 (-0.338)
町ダミー		-0.010 (-0.349)	-0.009 (-0.330)	0.002 (0.048)	0.002 (0.059)	-0.005 (-0.269)	-0.004 (-0.196)		-0.019 (-0.571)	-0.023 (-0.686)
第一次産業就業者比率		0.001 (0.324)	0.001 (0.294)	0.001 (0.240)	0.001 (0.224)	0.000 (-0.173)	0.000 (-0.355)		0.003 (1.466)	0.004 (1.255)
第二次産業就業者比率		0.000 (-0.210)	0.000 (-0.202)	0.004*** (2.785)	0.004*** (2.786)	-0.005 (-0.649)	0.000 (-0.628)		-0.001 (-1.433)	-0.001 (-1.372)
東京都ダミー		0.143 (1.481)	0.144 (1.489)	0.127 (1.084)	0.128 (1.090)	0.100*** (2.745)	0.101*** (2.790)		0.293*** (6.791)	0.271*** (6.209)
新潟県ダミー		0.135*** (4.009)	0.137*** (4.070)	0.102** (2.294)	0.104** (2.334)	0.129*** (3.877)	0.133*** (4.000)		-0.234 (-1.534)	-0.272* (-1.747)
定数項	0.017 (0.772)	-0.228** (-2.317)	-0.226** (-2.283)	-0.493*** (-3.111)	-0.491*** (-3.089)	-0.174** (-2.274)	-0.167** (-2.177)			
都道府県ダミー	×	○	○	○	○	○	○	×	○	○
AdjR2	0.522	0.593	0.593	0.292	0.292	0.617	0.617	0.446	0.568	0.565
データ数	1741	1741	1741	1741	1741	1679	1679	935	935	935

（注）1）下段はt値を示し、＊＊ p<0.05, ＊ p<0.1, 標準誤差は robust standard error で評価する.
2）都道府県ダミーは東京都と（地震被害があった）新潟県のみ記す.
（出所）筆者作成.

56 第2部 研究論文

を分析から除いた（この結果，分析対象市区町村は 1679）．個々の係数は少しず
つ変化がみられ，また一部の係数の推定値の分散が小さくなり，推定値はあま
り変わらないが有意になる変数がみられる（東京都ダミーや 23 区ダミー）．しか
し，β_{ref} については概ね安定した値が得られた．

頑健性確認のため最後に① "" ～③ "" は，29 府県が発表する『市町村民所得』
から得られる勤労所得総額を「住民一人当たり勤労所得額の階差」に直接用
いたケースを示した（具体的には「雇用者報酬」の総額を用いる）．このデータは
953 市町村で得られるが [30]，離島の市町村などで勤労所得が不自然なほど大
きく変動するケースがあり，953 市町村を 04-05 年度，05-06 年度でそれぞ
れ「住民一人当たり勤労所得額の変化率」の順に並べ，その上位・下位 1 ％を
除外した [31]．その結果，対象は 935 市町村となった．東京都はデータがなく，
ここでは特別区や東京都ダミーは含まない．

ここで用いる「住民一人当たり勤労所得額」は累進税率の影響を受け，内生
変数の疑いが残る．また分析対象も全国でないため参考値であるが，結果は同
様となった．

4.2 税制改正の効果のシミュレーション分析

最後に上記の結果を用いて，簡単な計算を行う．これによって，2006 年度
税制改正効果に関する定量的な評価を行う．

先に図 4 では 2004-08 の 4 年間について，高齢化率と住民一人当たり課税所
得の変化率に関する全国市区町村の散布図を描いた．次の図 5 では税制改正が
あった 2005-06 について，改正がなかった場合の住民一人当たり課税所得額の
変化率を推計し散布図を描きなおした．計算では表 2 ②の結果を用い，β_{ref} の推
定値 0.151 と pen_{06i} を掛け合わせて自治体ごとに税制改正の効果を求め，それ
を実際の住民一人当たり課税所得額から差し引いた．図によると年金課税強化
がなければ 2005-06 年度でも，図 4 で示した他の期間同様に，高齢化率と課税
所得変化の相関関係は負となった．これは十分，考えられることである．

---

(30) 鳥取県の『市町村民経済計算』は町村を郡で集計しており，「郡」を自治体とした．

(31) これを含めたままだと，「住民一人当たり勤労所得額の階差」の係数が有意に正にならなかった．
　　ただし，β_{ref} の推定値はまったく影響を受けなかった．

図5 2005-06年度における高齢化率と住民一人当たり課税所得変化率の関係

税制改正反映した実際の変化率（図4再掲）　　　税制改正がなかった場合の変化率

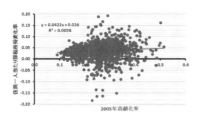 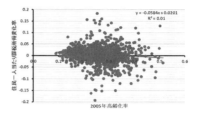

（資料）筆者作成．

図6 高齢化率と住民一人当たり課税所得の変化率（2001-16年度）の関係

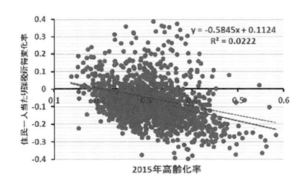

・税制改正未反映（実線）y=-0.5845x+0.1124
・税制改正反映後（点線）y=-0.4809x+0.1122

（資料）筆者作成．

次に、より長期的視点からこの税制改正の効果を分析する．先の図2では、2001-16年度における住民一人当たり課税所得の変化率と（2016年度の前年である）2015年の高齢化率の散布図を描いた．以下では、この図を税制改正がなかったケースで描き直す．まず各自治体の2016年度の「住民一人当たり年金受給額」を厚生労働省『厚生年金保険・国民年金事業市町村別状況』などから計算し、それに β_{ref} の推定値0.151を掛け合わせて税制改正の効果を計算する．それを2016年度の各自治体の実際の課税所得額から差し引いて、改正

がなかったケースの課税所得額を計算した．ここでは2006年でなく2016年の年金給付額を使って税制改正の効果を計算している．

　結果を図6に示す．比較のため，先の図2（税制改正を反映した実際の値）に示した散布図の回帰線も示した．図から，税制改正が高齢化が進む自治体の課税所得の侵食を一定程度，緩和したことがわかる．回帰式で計算するとX=0.4の場合，税制改正がなければ課税所得は12.1％減少していた（Y=－0.5845X + 0.1124を用いる）が，現実には税制改正があったためその値は約8％減少にとどまった（Y=－0.4809X+0.1122を用いる）．

　また，2015年で高齢化率が最も高い100の自治体の平均値を別途計算したところ，税制改正がなければ課税所得は平均で実に19.3％減少していたが，税制改正でそれは14.7％にとどまった．このように，高齢化が進む自治体の課税ベースの侵食は，年金課税の強化で一定程度緩和された．

　最後に図6の回帰式を用いて，ごく簡単に高齢化がもたらすインパクトを論じる．図の回帰式はあくまで2015年の高齢化率と過去15年間の課税所得の変化率の関係をとったもので，過去の（年金課税以外の）税制改革効果なども含むため，これを単純に将来に当てはめることは難しいが，あくまで参考値の一つとして簡単な計算を行う．

　内閣府（2017）によると，日本全体では，2040年に高齢化率が35.3％と2016年よりも約7％ポイント上昇する．単純に全市区町村の高齢化率が一律7％上昇する（図6で右に一律にずれた）とすると，回帰式への単純当てはめでは，税制改正がないケースで国民一人当たりの住民税課税所得は約4.1％（0.5845×0.07）縮小する．しかし年金課税の強化により，それは約3.4％（0.4809×0.07）にとどまる．もちろん，今後の高齢化の進展やその他の税制改革の動向でこの結果は変わってくるが，重要な点は今後の年金課税の改革で，これをさらに縮小させることができることである．

5．おわりに

　本稿では2006年度の税制改正を例にとり，年金課税の強化が市区町村の住民税課税ベースに及ぼす効果を分析した．年金課税の実態分析を地方財政の視

点と結びつけた研究は少ない.「はじめに」で述べたように, 2006年度改正後も依然, 公的年金等控除は寛大であり, 多くの論者がその再改革を主張する. 今後, 高齢化がさらに進んで課税ベース侵食が進行すると, 改革が市区町村課税ベースにもたらす効果は一層重要になると考えられる.

今回の研究では年金課税に注目したが, 高齢化が進む中で住民税の今後の在り方をどう考えるべきか, という大きな問題が残る. その研究が今後の残された課題である.

参考文献

Auten, G. and R. Carroll (1999) "The Effect of Income Taxes on Household Income,"*The Review of Economics and Statistics*, 81, pp.681-693.

Blomquist, S. and H. Selin (2010) "Hourly Wage Rate and Taxable Labor Income Responsiveness to Changes in Marginal Tax Rates,"*Journal of Public Economics*, 94, pp.878-889.

Feldstein, M. (1995) "The Effect of Marginal Tax Rates on Taxable Income: A Panel Study of the 1986 Tax Reform Act,"*Journal of Political Economy*, 103, pp.551-572.

Feldstein, M. and M. Wrobel (1998) "Can State Taxes Redistribute Income?,"*Journal of Public Economics*, 68(3), pp.369-396.

Gruber, J. and E. Saez (2002) "The Elasticity of Taxable Income: Evidence and Implications,"*Journal of Public Economics*, 84, pp.1-32.

Manzi, N., J. Michael and P. Wilson (2006) "State Income Tax Revenues in 2002 and 2030: The Impact of the Retirement of the Baby Boom,"*State Tax Notes*, Vol.23, pp.215-240.

Matikka, T. (2014) "Taxable Income Elasticity and the Anatomy of Behavioral Response: Evidence from Finland," Government Institute for Economic Research Working Papers 55.

Saez, E. (2010) "Do Taxpayers Bunch at Kink Points?,"*American Economic Journal: Economic Policy*, 2, pp.180-212.

Sören, B. and H. Selin (2010) "Hourly wage rate and taxable labor income responsiveness to changes in marginal tax rates," *Journal of Public Economics*, 117, pp.878-889.

Singleton, P. (2011) "The Effect of Taxes on Taxable Earnings: Evidence from the 2001 and Related U.S. Federal Tax Acts,"*National Tax Journal*, 64, pp.323-352.

Weber, C. (2014) "Toward Obtaining a Consistent Estimate of the Elasticity of Taxable Income Using Difference-in-Differences,"*Journal of Public Economics*,

117, pp.90-103.

Wooldridge, J. (2010) *Econometric Analysis of Cross Section and Panel Data*, 2nd Edition, The MIT Press.

麻生良文 (1995)「公的年金課税と課税ベースの漏れ」『経済研究』第46巻第4号, pp.313-322.

佐藤主光 (2011)『地方税改革の経済学』日本経済新聞出版社.

下野恵子・竹内滋子 (2011)「遺族厚生年金の課税化による税・社会保険料収入増の試算」『日本経済研究』第65号, pp.23-42.

政府税制調査会(2016)「経済社会の構造変化を踏まえた税制のあり方に関する中間報告」.

内閣府 (2017)『平成29年版高齢社会白書』.

西沢和彦 (2011)『税と社会保障の抜本改革』日本経済新聞出版社.

橋本恭之・呉善充 (2002)「資産形成における相続の重要性と相続税改革」『関西大学経済論集』第52巻第3号, pp.341-351.

三谷直紀 (2001)「高齢者雇用政策と労働需要」猪木武徳・大竹文雄編『雇用政策の経済分析』第11章, 東京大学出版会.

八塩良文・蜂須賀圭史 (2014)「高齢化が所得税の課税ベースに与える影響について―個票による年金課税のシミュレーション分析―」『フィナンシャル・レビュー』第118号, pp.120-140.

八塩裕之 (2013)「公的年金給付増大が個人住民税の課税ベースにもたらす影響について」『財政研究』第9巻, pp.283-301.

八代尚宏 (2013)『社会保障を立て直す 借金依存からの脱却』日経プレミアシリーズ.

過疎対策事業債の発行要因に関する実証分析[※]

宮 下 量 久

(拓殖大学政経学部)

要　旨

　本稿では，過疎地域がどのような要因で過疎債を発行するのかを定量的に明らかにした．過疎債の元利償還の7割が普通交付税の基準財政需要額に算入されるため，過疎債は過疎地域に対する財政支援という側面はあるものの，元利償還における負担を他の地域住民に転嫁させている恐れもある．分析の結果，過疎債の交付税措置の少なかった過疎地域ほど過疎債を発行していた．また，実質公債費比率は過疎債やその他地方債の発行に負の有意な影響を与えるものの，過疎地域は実質公債費比率に基づいて過疎債発行をその他の地方債よりも抑制していない傾向も確認された．さらに，過疎地域では高齢化が過疎地域の平均値よりも進むと，過疎債が顕著に発行されていることがわかった．具体的には，65歳以上人口比率が4割近くになると，過疎地域は過疎債を優先的に発行する傾向がみられた．今後，高齢化はさらに進展すると見込まれるため，過疎地域の多くが過疎債に依存した財政運営を強いられると予想される．

　キーワード　過疎対策事業債，交付税措置率，健全化法

1.　はじめに

　わが国は人口減少社会を迎え，地方の過疎化が進展しているといわれる．総務省統計局発表の人口推計によれば，人口は1億2,670万6千人であり[(1)]，前年から22万7千人減少している．都道府県別で見ると，1都3県と愛知県，

[※]　本稿の執筆に際して，総務省自治財政局からデータの提供等において多大なる支援を頂いた．第26回日本地方財政学会では，討論者の中野英夫先生（専修大学）から本稿の改善に資する有益かつ貴重な助言を頂いている．赤井伸郎先生（大阪大学），石田三成先生（琉球大学），中川直人氏（千葉県庁）からも示唆に富むコメントを頂いた．さらに，匿名レフェリーからのコメントにより，本稿を大幅に改善することができた．記して感謝の意を申し上げたい．

(1)　平成29年10月1日現在（確定値）．

福岡県，沖縄県を除く，40道府県が人口減少した．特に，これらの40道府県はすべて自然減少となっており，地方の人口減少が本格化している証左といえよう．2014年より，政府は人口減少傾向の緩和策として地方創生政策を推進し，交付金配分や特区指定などを通じて，地方への支援を充実させてきた．

ただ，地方の人口減少の課題は，1960年代の高度成長期から農村や漁村で過疎問題として顕在化している．実際，1970年には過疎地域対策緊急措置法が議員立法により，10年間の時限立法として施行されている．その後，1980年には過疎地域振興特別措置法，1990年には過疎地域活性化特別措置法，2000年には過疎地域自立促進特別措置法（以下，過疎法）が議員立法によって全会一致で制定されてきた[2]．過疎法に基づく人口減少および財政力の要件を踏まえると，過疎関係市町村数は2017年で817であり，全市町村に占める過疎関係市町村の割合は47.6％に上る．同割合は過疎法制定時で36.3％であり，過疎地域は人口減少にともなって増加傾向にあることがわかる．

これらの過疎地域への支援策のひとつが，過疎対策事業債（以下，過疎債）である．というのも，過疎債の元利償還金の70％は基準財政需要額に算入されるため，その起債条件は他の地方債よりも有利だからである．また，過疎債の適債事業の対象は公共施設全般だけでなく，2010年の過疎法改正で基金積立を含むソフト事業にも拡大し，その充当率は100％である．過疎債は過疎地域に対する財政支援という側面があるものの，その元利償還における住民負担は3割ですむため，残り7割の負担については地方交付税を通じて他地域住民に転嫁させている恐れもある．過疎債の現在高は2016年度末で2兆682億円に達しており，その金額は人口減少のさらなる進展により，今後増加していく可能性がある．

地方債発行と元利償還に伴う交付税措置に関する研究には，中野（2002），土居・別所（2005a），土居・別所（2005b），石川（2006），土居（2007），石黒（2012），宮下（2015a），宮下（2015b）などがある[3]．このうち宮下（2015a）

---

(2)　過疎法の期間は法制定当初から11年間延長され，2020年度までである．
(3)　例えば中野（2002）は，起債制限比率で交付税措置を加味する制度下では，起債制限のシーリングが実質的にかさ上げされていたため，財政力の脆弱な自治体ほど地方債を通じて投資的経費へのインセンティブを高めたことを示唆している．

では，過疎地域のうち合併自治体を対象にして，起債条件の有利な地方債の発行要因を定量的に検証している．その結果，過疎債は財政基盤が弱く，交付税措置率の低い自治体で発行されていた．しかし，宮下（2015a）では合併した過疎地域のみを対象にしており，過疎債の発行状況について過疎地域全体を対象にした包括的研究が行われていない [4]．

　また，過疎債に関する研究には，宮崎（2005）や柏木（2016）がある．宮崎（2005）は，1998 年から 2002 年度末までの静岡県内の過疎町村における過疎債，臨時地方道整備事業債（臨道債），地域総合整備事業債（地総債）の残高の推移を示し，箱物建設事業や道路整備事業で過疎債が最も活用されてきたことを示唆している．柏木（2016）は過疎地域である兵庫県香美町を事例に，過疎債が町道や林道，スキー場などの整備に活用されてきたものの，同町が 2009 年度に財政健全化団体になったことから，財政再建のプロセスを整理している．ただ，これらの研究は分析対象をある地域に限定している．また，過疎債が過疎地域で発行されるメカニズムについて定量的に分析されていない．

　そこで本稿では，過疎対策事業債の発行要因を定量的かつ包括的に明らかにしていく．特に，2009 年から「地方公共団体の財政の健全化に関する法律」（以下，健全化法）の全面施行により，地方債発行の起債制限が段階的なかたちで明確になった．過疎地域は健全化法下において，財政基盤が脆弱であるほど過疎債を優先して発行してきた可能性もある．また近年，地方自治体は基金を増加させる傾向にある [5]，[6]．過疎債は基金積立にも充当できるため，基金の多寡が過疎債発行にも影響するかもしれない．これらの仮説を検証するため，本稿では「地方財政状況調査」（総務省）などより，過疎債などのパネルデータを構築して実証分析を行う．

　本稿の主な結論は次のとおりである．まず，過疎債の交付税措置の少なかった過疎地域ほど過疎債を発行していた．過疎地域は過疎債の発行に際して，国からの財政支援措置を踏まえた財政運営を行っている証左といえる．次に，実

---

[4]　宮下（2015a）は資料収集の制約があり，2010 年度のクロスセクションデータ分析にとどまっていた．
[5]　詳細は，総務省（2017）を参照．
[6]　宮下・鷲見（2017）では，合併自治体が合併算定替による普通交付税増加額を財政調整基金の財源に充当していたことを定量的に明らかにしている．

質公債費比率は過疎債やその他地方債の発行に負の有意な影響を与えるものの，過疎債の発行はその他の地方債と比べると，実質公債費比率に基づいて抑制されていない傾向が確認された．さらに，過疎地域では65歳以上人口比率が4割近くになると，過疎債を優先的に発行する傾向がみられた．わが国では高齢化の進展が見込まれているため，過疎地域の多くが過疎債に依存した財政運営を強いられると予想される．

　なお，本稿の構成は以下のとおりである．続く2節では，過疎地域に対する支援措置を概観するとともに，過疎債に関する予備的考察を行う．3節では本稿で検証する仮説を整理し，実証分析の手順と結果をまとめる．4節では，本稿の主な結論を示すとともに，残された課題を列挙する．

2. 過疎債に関する予備的考察

2.1 過疎地域の定義

　現行の過疎法には「過疎地域の自立促進」「住民福祉の向上」「雇用の増大」「地域格差の是正」「美しく風格のある国土形成」という5つの目的がある．このうち，「過疎地域の自立促進」と「美しく風格のある国土形成」は過去の過疎地域に関する法律にはなかった目的である．特に，過疎地域の主な目的は，人口減少の防止や過疎地域の活性化・振興であったが，現行法では「過疎地域の自立促進」に置き換わったことが大きな特徴といえる．

　表1は，過疎法における過疎地域の要件と過疎市町村数をまとめたものである．過疎法の期間延長による法改正に合わせて，新たな人口要件と財政要件が同法に加わり，過疎対策対象の市町村も拡大していることがうかがえる．

　また，合併を経験した自治体が表1の要件を満たさなくても，総務省令・農林水産省令・国土交通省令に定める要件に該当すれば，「みなし過疎地域」として過疎対策支援の対象となる [7]．さらに，合併後の新市町村全域が過疎

---

(7)　合併自治体が過疎地域の要件に該当しない場合，過疎地域とみなす要件は次のとおりである．
・規模要件：廃置分合等前の過疎地域市町村の人口が1/3以上または，廃置分合等前の過疎地域市町村の面積が1/2以上かつ社会基盤の整備が十分でなく，住民福祉の向上が阻害されていること．
・人口要件：1960年〜1995年の35年間の人口が減少（2000年国勢調査結果の公表日以前の合

表 1　過疎法における過疎地域の要件と過疎市町村数

	<H12.4.1～>	<H22.4.1～>（※新たに追加）	<H26.4.1～>（※新たに追加）	<H29.4.1～>（※新たに追加）
法制定（改正）時の過疎地域の要件　人口要件 かつ 財政力要件	**人口要件（以下のいずれか）** ①昭和35年～平成7年（35年間） 人口減少率 30%以上 ②昭和35年～平成7年（35年間） 人口減少率 25%以上 かつ 平成7年高齢者比率 24%以上 ③昭和35年～平成7年（35年間） 人口減少率 25%以上 かつ 平成7年若年者比率 15%以下 ④昭和45年～平成7年（25年間） 人口減少率 19%以上 （①～③は昭和45年から25年間で人口が10%以上増加している団体は除く。） **財政力要件** ●H8-H10 財政力指数 0.42以下 ●公営競技収益 13億円以下	①昭和35年～平成17年（45年間） 人口減少率 33%以上 ②昭和35年～平成17年（45年間） 人口減少率 28%以上 かつ 平成17年高齢者比率 29%以上 ③昭和35年～平成17年（45年間） 人口減少率 28%以上 かつ 平成17年若年者比率 14%以下 ④昭和55年～平成17年（25年間） 人口減少率 17%以上 （①～③は昭和55年から25年間で人口が10%以上増加している団体は除く。） **財政力要件** ●H18-H20 財政力指数 0.56以下 ●公営競技収益 20億円以下	①昭和40年～平成22年（45年間） 人口減少率 33%以上 ②昭和40年～平成22年（45年間） 人口減少率 28%以上 かつ 平成22年高齢者比率 32%以上 ③昭和40年～平成22年（45年間） 人口減少率 28%以上 かつ 平成22年若年者比率 12%以下 ④昭和60年～平成22年（25年間） 人口減少率 19%以上 （①～③は昭和60年から25年間で人口が10%以上増加している団体は除く。） **財政力要件** ●H22-H24 財政力指数 0.49以下 ●公営競技収益 40億円以下	①昭和45年～平成27年（45年間） 人口減少率 32%以上 ②昭和45年～平成27年（45年間） 人口減少率 27%以上 かつ 平成27年高齢者比率 36%以上 ③昭和45年～平成27年（45年間） 人口減少率 27%以上 かつ 平成27年若年者比率 11%以下 ④平成2年～平成27年（25年間） 人口減少率 21%以上 （①～③は平成2年から25年間で人口が10%以上増加している団体は除く。） **財政力要件** ●H25-H27 財政力指数 0.5以下 ●公営競技収益 40億円以下
公示　過疎市町村数［過疎市町村／全市町村］	当初（H12.4.1） 1,171／3,229 追加（H14.4.1） 1,210／3,218 法延長前（H22.3.31） 718／1,727	法延長当初（H22.4.1） 776／1,727 （H25.4.1現在） 775／1,719	法改正当初（H26.4.1） 797／1,719	法改正当初（H29.4.1） 817／1,718

（資料）総務省ウェブサイト「これまでの過疎対策法について」
<http://www.soumu.go.jp/main_content/000491481.pdf>（2018年5月6日参照）を基に筆者作成.

法の要件に該当しなくても，合併前の過疎地域であった旧自治体のみを「一部過疎地域」とする場合もある．2017年度では全過疎地域817のうち，「みなし過疎地域」は25，「一部過疎地域」は145である[8]．

2.2　過疎債の概要

過疎法は過疎地域に対し，①過疎債による支援，②国庫補助金（補助率のかさ上げ等），③都道府県代行制度，④金融措置，⑤税制特例措置などを施策として定めている．

これらの施策のなかで，過疎債は「産業振興施設」（農道，林道・漁港施設・港湾施設，観光，レクリエーションに関する施設など），「交通通信施設」（市町村道及び市町村が管理する都道府県道・橋りょう，鉄道施設・鉄道車両，電気通信に関する施設など），「厚生施設等」（下水処理，一般廃棄物処理のための施設，消防施設，保育所，児童館，診療施設など），「教育文化施設」（市町村立の幼稚園，図書館，公民館その他の集会施設など）というハード整備の財源として100％充当できる．

また，2010年度からは，過疎地域自立促進特別事業として，地域医療の確保，住民の日常的な移動のための交通手段の確保，集落の維持及び活性化など，ソフト対策の財源としても過疎債を活用できることになった．特に，これらのソ

併），1965年〜2000年の35年間の人口が減少（2000年国勢調査結果の公表日〜2010年3月31日以前の合併），1960年〜2005年の45年間の人口が減少（2010年4月1日〜2014年3月31日以前の合併），1965年〜2010年の45年間の人口が減少（2014年4月1日以後の合併），1970年〜2015年の45年間の人口が減少（2017年4月1日以後の合併）かつ1970年〜1995年の25年間の人口が減少（2000年国勢調査結果の公表日以前の合併），1975年〜2000年の25年間の人口が減少（2000年国勢調査結果の公表日〜2010年3月31日以前の合併），1980年〜2005年の25年間の人口が減少（2010年4月1日〜2014年3月31日以前の合併），1985年〜2010年の25年間の人口が減少（2014年4月1日以後の合併），1990年〜2015年の25年間の人口が減少（2017年4月1日以後の合併）．

・財政力要件：廃置分合等前3か年平均の財政力指数0.42以下（2010年3月31日以前の合併），0.56以下（2010年4月1日〜2014年3月31日以前の合併），0.49 以下（2014年4月1日以後の合併），0.63 以下（2017年4月1日以後の合併）．

なお，財政力指数が0.42〜0.71以下（2010年3月31日以前の合併），0.56〜0.70以下（2010年4月1日〜2014年3月31日以前の合併），0.49〜0.62以下（2014年4月1日〜2017年3月31日以前の合併）の場合，5年間に限り，合併自治体全体を過疎地域とみなし，それ以後は合併前で要件に該当した地域のみを過疎地域とみなす．

(8)　2017年度4月1日時点．

フト事業に関する基金積立の財源確保にも過疎債を 100％充当できる．つまり，過疎債は過疎地域にとって使途制約の比較的少ない財源であるといえよう．なお，総務省はソフト事業の実施を支援するために，2010 年度から過疎地域等自立活性化推進事業として交付金を交付している [9]．2013 年度には，住民主導により集落の維持及び活性化を図るため，過疎集落等自立再生対策事業として交付金が過疎地域に配分された．さらに，2015 年度からは，基幹集落を中心に複数集落で構成される「集落ネットワーク圏」における取組を支援するために，過疎地域等集落ネットワーク圏形成支援事業として交付金が交付されている [10]．政府は過疎地域のソフト事業を支援するために，過疎債と合わせて交付金も充実させていることがうかがえる．これらのソフト事業への交付金は過疎地域に対して，ソフト事業を目的とした過疎債発行を誘発した可能性もある [11]．

ただし，過疎地域は各都道府県が定める「過疎地域自立促進方針」に基づいて，「過疎地域自立促進市町村計画」を策定して国（内閣総理大臣）へ提出しなければ，過疎債を発行することはできない．また，「過疎地域自立促進市町村計画」は各過疎地域の議会での議決を要する．

2.3 過疎地域における地方債発行

図 1 は，過疎地域における各種地方債の標準財政規模に対する比率の推移を示している．まず，臨時財政対策債（以下，臨財債）が減少傾向にある．臨財債の標準財政規模に対する比率は 2010 年度に 7.7％であったが，2016 年度までに 3.6 ポイント下がり，4.1％となっている．ただこの傾向は，地方財政計画に基づくもので，過疎地域に限ったものでないと思われる [12]．

---

(9) 具体的には，産業振興（スモールビジネス振興），生活の安心・安全確保対策，集落の維持・活性化対策，移住・交流・若者の定住促進対策，地域文化伝承対策，環境貢献施策の推進などのソフト事業を対象としている．

(10) 2015 年度からは，ソフト事業だけでなくハード事業に対する支援策として，過疎地域集落再編整備事業や過疎地域遊休施設再整備事業も実施されている．

(11) 総務省自治財政局から入手したデータによれば，2016 年度の過疎債発行予定額約 4,002.7 億円のうち，ソフト分は約 728.9 億円（約 18.2％）であった．

(12) 例えば，2011 年度の地方財政計画では地方財政の健全化を目的に，一般財源総額を確保した上で，臨財債が約 1.5 兆円減額されている．その後も，臨財債は財源不足の縮小や良好な経済環境などを理由にして縮減されている．

図1 過疎地域における各種地方債の推移

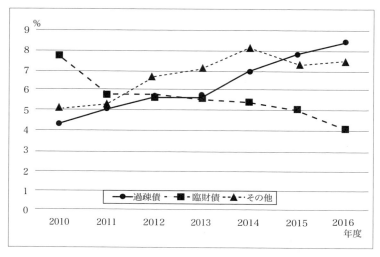

(注) 1) データからは夕張市，特定被災地方公共団体を除いている．
2) 数値は各種地方債の標準財政規模に対する比率の平均値である．
(資料) 総務省『市町村別決算状況調』(各年度版)，総務省統計局ウェブサイト「地方財政状況調査」より作成．

　その一方で，過疎債が近年にかけて増加していることがわかる．過疎債の標準財政規模に対する比率は2010年度に4.4％であったが，2016年度では8.5％になり，同比率は4.1ポイント上昇した．また，その他の地方債の標準財政規模に対する比率も2010年度の5.2％から2.3ポイント上昇し，2016年度では7.5％になっている．

　結果として，過疎債は2010年度に他の地方債よりも発行されていなかったものの，2015年度から地方債のなかで最も多く発行されている．

　さらに表2は，過疎地域が過疎債を他の地方債よりも優先的に発行している程度を把握するため，過疎地域別に地方債発行総額に占める過疎債の割合を算出し，度数分布表にまとめたものである．過疎債の発行割合40％を境に2010年度から2016年度にかけて，該当自治体に大きな変化があることがわかる．過疎債割合40％以上の場合，過疎地域は2010年度に18.9％ほどであったが，2016年度に49.3％になった．つまり，全地方債のなかで過疎債を4割

過疎対策事業債の発行要因に関する実証分析　　69

表2　地方債発行総額に占める過疎債の度数分布表

過疎債の割合 (Y)	年度						
	2010	2011	2012	2013	2014	2015	2016
90%≦Y	10 (1.4%)	4 (0.6%)	8 (1.1%)	8 (1.1%)	6 (0.8%)	6 (0.8%)	11 (1.5%)
80%≦Y＜90%	3 (0.4%)	7 (1.0%)	8 (1.1%)	7 (1.0%)	9 (1.2%)	16 (2.1%)	28 (3.7%)
70%≦Y＜80%	12 (1.7%)	25 (3.4%)	24 (3.3%)	23 (3.2%)	32 (4.3%)	42 (5.6%)	53 (7.1%)
60%≦Y＜70%	17 (2.4%)	49 (6.7%)	41 (5.6%)	37 (5.1%)	59 (7.9%)	69 (9.2%)	79 (10.6%)
50%≦Y＜60%	38 (5.3%)	65 (9.0%)	65 (9.0%)	76 (10.4%)	82 (11.0%)	88 (11.8%)	101 (13.5%)
40%≦Y＜50%	55 (7.7%)	80 (11.0%)	86 (11.8%)	83 (11.4%)	93 (12.4%)	111 (14.9%)	96 (12.9%)
30%≦Y＜40%	88 (12.3%)	107 (14.7%)	119 (16.4%)	113 (15.5%)	93 (12.4%)	95 (12.7%)	90 (12.0%)
20%≦Y＜30%	135 (18.9%)	108 (14.9%)	99 (13.6%)	104 (14.3%)	89 (11.9%)	95 (12.7%)	90 (12.0%)
10%≦Y＜20%	134 (18.8%)	104 (14.3%)	97 (13.4%)	102 (14.0%)	125 (16.7%)	87 (11.6%)	76 (10.2%)
Y＜10%	221 (31.0%)	177 (24.4%)	179 (24.7%)	175 (24.0%)	159 (21.3%)	138 (18.5%)	123 (16.5%)
自治体数	713 (100.0%)	726 (100.0%)	726 (100.0%)	728 (100.0%)	747 (100.0%)	747 (100.0%)	747 (100.0%)
平均値	23.625	30.026	30.558	30.243	32.473	36.037	39.316
標準偏差	20.652	22.377	22.517	22.163	23.199	23.587	24.784
最大値	100	99.747	100	100	100	100	100
最小値	0	0	0	0	0	0	0

(注)　1)　データからは夕張市，特定被災地方公共団体を除いている．
　　　2)　下段のカッコ内の数値は，各区分における自治体数の割合を示す．
(資料)　総務省『市町村別決算状況調』(各年度版)，総務省統計局ウェブサイト「地方財政状況調査」より作成．

以上発行する自治体が半数近くに上っている．特に，過疎債の割合が50%以上60%未満の場合，過疎地域は2010年度で5.3%であったが，2016年度までに8.2ポイント上昇し，該当自治体は13.5%に上り，最多である．

　その一方で，過疎債割合40%未満の場合，過疎地域は2010年度に81.1%該当するが，2016年度に50.7%になった．特に，過疎債割合10%未満の場合，過疎地域は2010年度に31%該当したが，2016年度には16.5%まで減少している．　近年，地方債発行において過疎債に依存しない自治体は少数になったといえる．

なお表2では，2011年度を除いて最大値は100％であり，最小値は0である．毎年度，地方債のうち過疎債を100％発行する自治体があれば，地方債発行に際して過疎債をまったく発行しない自治体もあることを意味する[13]．過疎債の発行状況は過疎地域によって多様であるといえよう．次節以降では，同じ過疎地域でも過疎債発行の差異が生じる要因を定量的に検証していくことにする．

3. 実証分析

3.1 過疎債発行に関する仮説

過疎地域では，過疎債の発行が増加傾向にあった．過疎債は過疎地域における財政支援措置としての存在感を高めている．この主な理由は，過疎債の元利償還の7割が基準財政需要額に算入されるからであろう．過疎地域のなかでも過疎債をこれまで発行しておらず，その交付税措置の恩恵を受けていなければ，将来の償還財源を節約するために他の地方債よりも過疎債を優先的に発行するかもしれない．また，過疎債の交付税措置を多く受けてきた地域が住民負担を軽減するため，さらに過疎債を発行する可能性もある．いずれにしても，過疎債の交付税措置は各過疎地域で起債前に周知されており，過疎地域は将来の住民負担軽減を目的に過疎債発行による戦略的な財政運営を行っていると思われる[14]．

ただ，過疎地域も健全化法の対象になるため，過疎債も含めた地方債を自由に発行できるわけではない．実質公債費比率が25％以上になると，当該自治体は一般単独事業の許可が制限される．また，実質公債費比率が18％以上であれば，当該自治体は早期是正のために「公債費負担適正計画」の作成が求め

---

(13) ただし，2010年度から2016年度において，地方債発行総額のうち過疎債を毎年度100％発行している地域はなかった．その一方で，過疎債を発行しない地域は2010年度から2016年度において7自治体であった．

(14) 実際，過疎地域の過疎対策および財政担当者にヒアリングしたところ，自地域の住民負担を軽減するためにこれまでの交付税措置を踏まえ，過疎債を積極的に活用している，という．また，ある過疎地域では過疎対策事業が他地域住民の7割の負担で実現されたことを広報によって自地域の住民に周知しているものの，過疎債が自地域住民の3割の負担で事業を行える点をアピールしている側面もあった．

られる．首長や議員はこれらの財政基準を超えると，行財政運営の説明責任を果たす必要があるため，過疎地域は健全化法の実質公債費比率を踏まえて過疎債などの地方債を発行するであろう．

　その一方で，首長や議員は当選確率を最大化する必要がある．Rogoff and Sibert（1988），Rogoff（1990）などが示す政治的予算循環仮説を踏まえると，選挙時期に住民負担を軽減するために，過疎債が発行される可能性はないだろうか．実際，「過疎地域自立促進市町村計画」では議会の承認が必要となるため，過疎対策事業の決定には政治的要因が影響する余地がある．また，地方選挙は突然の出来事がない限り，4年という任期で事前に決まっているため，首長や議員は選挙時期に合わせて財政運営を行いやすいと思われる．特に健全化法の下では，過疎地域でも地方債発行に制限があるため，政治家は選挙時期を見計らって，起債条件の有利な過疎債を増加させるかもしれない．

　これらの論点を考慮して，本稿では次の仮説を検証する．

仮説1　過疎地域は将来の償還財源を節約するために過疎債の交付税措置率を踏まえて，過疎債の発行を決定する．

仮説2　過疎地域は健全化法の実質公債費比率を踏まえて，過疎債を発行する．

仮説3　過疎地域の首長や議員は得票最大化のために，選挙時期を踏まえて過疎債を発行する．

3.2　データと推定モデル

　図1を見ると，過疎地域では過疎債がソフト事業を対象とした2010年度から2016年度まで増加傾向にあった．また表2では，過疎地域のなかでも過疎債の発行割合には大きな差異があるといえる．これらを踏まえて，本稿では過疎地域を対象にしたパネルデータを構築し，過疎債の発行要因を検証する．なお，過疎地域は年度によって異なるため，本稿のデータはアンバランスなものである．また，東日本大震災などの被災自治体は他の自治体と財政状況に大き

72 第2部 研究論文

な差異があることから,特定被災地方公共団体を基にしてデータから除外する.さらに,夕張市は 2006 年度に財政破綻したことで他の自治体と財政的背景が異なるため分析データに含めていない[15].

推定モデルは,土居・別所 (2005a),大野・小林 (2011),宮下 (2015b) を基にして,各過疎地域の固定効果の存在を前提とした下の式 (1) のとおりである.

$$Y_{i,t} = \alpha_0 + \alpha_1\, taxallo_{i,t-1} + \alpha_2 rev_{i,t-1} + \alpha_3\, soft_{i,t} + \alpha_4 ntdr_{i,t-1} + \alpha_5 pref_{i,t-1}$$
$$+ \alpha_6\, rinzai_{i,t-1} + \alpha_7 DER_{i,t-1} + \alpha_8 pros_{i,t-1} + \alpha_9 debt_{j,t-1} + \alpha_{10} fund_{i,t-1}$$
$$+ \alpha_{11} melect_{i,t} + \alpha_{12} celect_{i,t} + \alpha_{13} inc_{i,t-1} + \alpha_{14}\, pop65_{i,t-1}$$
$$+ \alpha_{15}\, pop65^2_{i,t-1} + \alpha_{16}\, kaso1_{i,t} + \alpha_{17}\, kaso2_{i,t} + \tau_t + \mu_i + u_{i,t} \qquad (1)$$

τ_t は時間効果,μ_i は個体効果,$u_{i,t}$ は誤差項,i は自治体,t は年度(2010〜2016年度)を表す.

被説明変数($Y_{i,t}$)には過疎債の標準財政規模に対する割合[16],その他地方債の標準財政規模に対する割合を用いる.なお,その他地方債の推定については,過疎債の推定結果に対するベンチマークとするために行う[17],[18].

---

(15) 分析期間内における合併自治体については,一部の説明変数を作成できない場合があるため,分析期間内で最後の合併を終えた自治体を分析対象として採用した.

(16) ソフト事業に充当された過疎債を特定化したかったが,ソフト事業に関する地域別データが国や自治体で体系的に整備されておらず,分析できなかった.ソフト事業については,データの整備を含めて今後の課題としたい.

(17) 臨財債については地方交付税の代替財源という側面もあり,他の地方債とは異質であるため,その他地方債から除外している.

(18) 過疎地域が過疎債を他の地方債よりも優先的に発行した程度を明確にするため,表2と同様,過疎債の全地方債発行額に占める割合,その他地方債の全地方債発行額に占める割合を被説明変数に用いた分析を事前に試みた.ただし,過疎債とそれ以外の発行額の決定は相互に関連し合う同時性の高い問題であると考えられる.この場合,説明変数によって捉えられない部分が誤差項に含まれ,各関数の誤差項の間に相関が生じている可能性がある.このため,過疎債の地方債総額に占める割合とその他地方債の地方債発行総額に占める割合を被説明変数に用いて各年度別およびプールデータで同時推定を行ったところ,Breusch-Pagan 検定の結果から,誤差項の相関がゼロであるという帰無仮説は有意水準1%で棄却された.その一方で,過疎債の標準財政規模に対する割合とその他地方債の標準財政規模に対する割合を被説明変数に用いて各年度別およびプールデータで同時推定を行ったところ,Breusch-Pagan 検定の結果から,誤差項の相関がゼロであるという帰無

説明変数には財政的変数として，まず過疎債の交付税措置率（*taxallo*）を採用する．過疎地域は過疎債の発行に際し，住民負担軽減のために将来の交付税措置を期待すると思われる．交付税措置率には，過疎債の元利償還金のうち基準財政需要額に算入された公債費を地方債現在高で除したデータを用いる．ただ，基準財政需要額に算入された過疎債の公債費はデータの制約があるため入手できない．そこで本稿では過疎債の元利償還に伴う交付税措置額を独自に推計し，基準財政需要額に算入された過疎債の公債費の代理変数とした．データの構築方法は次のとおりである．まず，「地方財政状況調査」（総務省）から過疎債の元利償還金の実績値を入手した．次に，過疎債の交付税措置における単位費用（700/1000）を過疎債の元利償還金実績値に掛け合わせた[19]．なお，仮説1にしたがって，過疎債の交付税措置率の符号は正と負の両方が予想される．

次に，経常収支比率（*rev*）が過疎地域で高まれば，過疎債が発行されやすくなると思われる．経常収支比率は各自治体の財政構造の弾力性を示し，その比率が高いほど財政構造は硬直的であることを意味する．過疎債は 2010 年度からハード事業だけでなくソフト事業にも充当できるため，財政の硬直性が高まれば，投資的経費以外の財源として起債される可能性が高まると予想する．

また，過疎債がソフト事業も対象になったことで，ソフト事業に対する交付金が 2010 年度から創設されている．過疎地域はソフト事業に対する交付金を得ていれば，過疎債をソフト事業のために発行する可能性が高くなると思われる．そこで，過疎地域等自立活性化推進交付金の標準財政規模に対する比率（*soft*）を説明変数として採用する[20]．このソフト事業交付金に関する変数の

仮説は有意水準1%で棄却されなかった．このため本稿では，過疎債の標準財政規模に対する割合とその他地方債の標準財政規模に対する割合を被説明変数に用いた推定結果をまとめている．

(19) 過疎債の元利償還に伴う交付税措置額の推計は，匿名レフェリーのコメントを踏まえたものである．なお，平嶋・植田（2001）によれば，過疎債の元利償還金の基準財政需要額への算入は公債費方式である．

(20) 前節で紹介したように，過疎地域等自立活性化推進交付金だけはソフト事業に対する交付金のうち，過疎債のソフト事業への充当可能になった 2010 年度から過疎地域に交付されている．過疎地域に対する支援には，過疎地域遊休施設再整備事業や定住促進団地整備事業などの交付金も新たに創設されているが，ソフト事業にも使途されたものか判然としない．そこで本稿では，分析期間を通じてソフト事業支援を目的とした交付金の影響を検証するため，過疎地域等自立活性化推進交付金に限定して説明変数を構築した．

符号は，過疎債の発行に対して正になると考えられる[21]．

さらに，過疎対策事業の財源には，過疎債やソフト事業の交付金だけでなく国庫支出金や都道府県支出金が充当されている[22]．過疎地域は過疎対策事業の実施にあたり，国や都道府県の補助金獲得と合わせて過疎債を補完的に発行する場合もあれば，これらの補助金が減少することで過疎債を代替財源として発行する場合も考えられる．このため，標準財政規模に対する国庫支出金の割合（$ntdr$）と標準財政規模に対する都道府県支出金の割合（$pref$）を説明変数に加える．これらの変数の符号は正負の両方が予想される．また，図1を踏まえると，過疎債と臨財債には元利償還金に対する手厚い交付税措置を背景として代替的な関係性があると予想される．そこで，臨財債が過疎債発行に与えた影響を検証するため，臨財債発行可能額の標準財政規模に対する割合を説明変数として加える．なお，推定における内生性を考慮するため，過疎地域にとって外生変数となる，臨財債発行可能額をデータとして採用する．

続いて仮説2を検証するため，実質公債費比率を考慮した．仮説2に基づくと，これらの実質公債費比率の符号は負であることが期待される．

また，過疎地域では過去に発行してきた地方債の元利償還金の基準財政需要額が地方債現在高に比して大きければ，住民負担を今後も軽減するために起債条件の有利な過疎債を発行する可能性がある．過疎地域は過去の交付税措置率の多寡に基づき，当該年度の過疎債を発行すると思われる．そこで，交付税見込率（$pros$）として，すべての地方債現在高に対する基準財政需要額への公

---

(21) 過疎地域等自立活性化推進交付金は1事業当たり一律1,000万円を過疎地域へ交付される．過疎地域は，標準財政規模に対するソフト事業交付金の多寡ではなく，その有無によって過疎債をソフト事業のために発行する可能性もあるため，「過疎地域等自立活性化推進交付金」の標準財政規模に対する比率の代わりに，過疎地域等自立活性化推進交付金の有無に関するダミー変数を説明変数として予備的推定をした．その結果，過疎地域等自立活性化推進交付金の標準財政規模に対する比率を説明変数に用いた結果と差異がなかったため，推定結果では地域別データとしての情報量の多い，「過疎地域等自立活性化推進交付金」の標準財政規模に対する比率を用いたケースをまとめている．

(22) 例えば，岡山県瀬戸内市では2016年度における過疎対策事業の財源総額（11.6億円）のうち，それぞれの財源割合は国庫支出金が25.6％，県支出金が9.8％，地方債が9.6％（過疎債は約7割）であった．過疎債の充当率は過疎地域で異なると思われるため，過疎債の発行要因を検証するには過疎対策事業費の他の主要財源をコントロールする必要がある．

債費算入見込額の比率を変数として採用する．基準財政需要額への公債費算入見込額は過去の起債額とこれまでの基準財政需要額への算入実績に基づいており，将来負担比率の分子における減算項目のデータを使用している．このため，交付税見込率はストックを表す変数となる．なお，交付税見込率の符号は正であることが予想される．

その他のストック変数には，期首地方債現在高（*debt*）を考慮する．期首地方債現在高には前年度地方債現在高の標準財政規模に対する比率を用いる．ある過疎地域が財政規模に比して大きな地方債現在高を抱えていれば，起債条件の有利な過疎債であっても元利償還に関する負担を住民に強いることは難しくなるであろう．結果として，過疎地域は地方債現在高を踏まえて過疎債の発行を抑制すると思われる．地方債現在高比率の符号はマイナスになると推測できる．なお，交付税措置率，実質公債費比率，交付税見込率，地方債現在高比率は，過去に発行された地方債に関する変数として高い関係性を有すると思われるため[23]，推定ではこれらを説明変数として同時に用いるケースだけでなく，それぞれ個別に用いたケースも行い，各変数の係数の大きさと有意性の変化を比較することで，推定結果の頑健性を確かめる．

さらに地方債現在高比率と同様，ストック変数として，積立金現在高の標準財政規模に対する比率（*fund*）を説明変数に加えている．前節で確認したように，過疎債が2010年度からソフト事業に関する基金積立の目的でも起債できるようになったからである．過疎地域は積立金が少ないほど，将来の財源対策のために過疎債を発行するかもしれない．もしくは，積立金の多い過疎地域ほど財政的な余力があるために，過疎債を起債する場合も考えられる．したがって，*fund* の符号条件はプラスとマイナスの両面が予想される．

仮説3の検証には，首長選挙の年度ダミー（*melect*）と，議会議員選挙の年度ダミー（*celect*）を加えている．これらの選挙ダミーはそれぞれ，「次年度に実施予定」，「当該年度に実施」という2つの変数を作成した．現職の首長や議

---

[23] 基準財政需要額への算入公債費は実質公債費比率の分母および分子の減算項目として使われている．また，地方債の元利償還金の交付税措置額が増えていけば地方債現在高は減少していくため，負の相関関係を有すると思われる．実際，交付税見込率と地方債現在高との相関係数は－0.538であり，採用した説明変数でもっとも高い相関係数であった．このため，推定では交付税見込率と地方債現在高を説明変数として同時に考慮したケースを行っていない．

会議員が再選確率を最大化するために，過疎債が選挙前もしくは当該年度に住民負担を軽減することを目的に発行される可能性を考慮する．特に，地方選挙は年度始めの4月に実施されることが多いため，首長や議会議員は過疎債発行の影響を選挙結果に反映しやすくなるよう，選挙実施年度よりも前に過疎債を増加しようとするかもしれない．ただ，説明変数の先天性問題を排除するため，データの対象とする選挙は，選挙時期が事前に予想しうる任期満了によるもののみに限定し，突然の辞任や議会の解散等による突発的な場合を排除している．

地域要因の変数には，平均所得(inc)と65歳以上人口比率($pop65$)を考慮した．平均所得については課税対象所得を人口で除して算出しており，過疎地域の財政基盤を表す代理変数である．過疎債が過疎地域の財政支援措置であることを踏まえれば，低所得な過疎地域ほど財政基盤が脆弱であるため，過疎債に依存した財政運営を行うと思われる．平均所得の符号は負であることが期待される．

また，高齢化が進展している過疎地域も，財政的余力を有している可能性は低いと思われる．過疎地域は高齢者を多く抱えるほど，過疎債を発行するかもしれない．65歳以上人口比率の符号は正と予想される．ただし，本稿の分析対象が全国的にも高齢化が進んでいる過疎地域も含んでいると予想されるため，過疎債発行と高齢化進展の関係性は線形でないことも考えられる．つまり，高齢化がある程度進展した過疎地域では，地方債発行において過疎債に偏重する恐れもある．実際，表2では当該年度の地方債をすべて過疎債で賄う過疎地域が存在していた．このため本稿では，65歳以上人口比率の2乗項($pop65^2$)も加えて推定を試みる．

$kaso1$はみなし過疎の自治体，$kaso2$は一部過疎地域を含む自治体の場合に1，それ以外の過疎地域を0とするダミー変数である．宮下（2015a）で明らかにされたように，みなし過疎の自治体や一部過疎地域を含む自治体は一般の過疎地域と比べると，過疎対策支援の期間や地域に制限があるため，過疎債発行が一般の過疎地域と比べると少なく，その他の地方債の発行が多くなるかもしれない．

なお，説明変数はソフト事業交付金に関する変数，選挙に関するダミー変数，みなし過疎，一部過疎の地域に関するダミー変数を除いて，被説明変数に対して1期前のデータを用いている．実際の予算は前年度に議会等での審議を経て編成されるため，説明変数は前年度のデータを採用して構築している．

最後に，データの出所については，財政変数を『市町村別決算状況調』（総

過疎対策事業債の発行要因に関する実証分析　　　　77

表 3　記述統計量

変数名	平均値	標準偏差	最小値	最大値
過疎債の標準財政規模に対する割合（%）	6.363	7.095	0.000	93.506
その他地方債の標準財政規模に対する割合（%）	6.786	7.222	0.000	181.272
交付税措置率（%）	2.219	1.871	0.000	14.435
経常収支比率	85.679	6.831	52.800	109.400
ソフト事業交付金比率（%）	0.007	0.054	0.000	1.479
国庫支出金比率（%）	14.724	11.077	0.000	331.461
都道府県支出金比率（%）	13.423	13.183	1.454	189.381
臨財債比率（%）	6.352	1.425	0.000	14.883
実質公債費比率（%）	11.833	4.328	-6.300	28.400
交付税見込率（%）	97.118	21.756	0.000	226.348
地方債現在高の標準財政規模に対する比率（%）	179.774	42.515	0.000	480.046
積立金現在高の標準財政規模に対する比率（%）	73.933	52.871	0.216	484.046
次年度首長選挙予定ダミー	0.255	0.436	0.000	1.000
次年度議会議員選挙予定ダミー	0.264	0.441	0.000	1.000
当該年度首長選挙ダミー	0.238	0.426	0.000	1.000
当該年度議会議員選挙ダミー	0.260	0.439	0.000	1.000
平均所得（百万円）	0.950	0.209	0.457	3.781
65 歳以上人口比率（%）	34.591	6.185	10.909	60.019
65 歳以上人口比率の 2 乗項	1,234.761	447.493	119.006	3,602.281
みなし過疎ダミー	0.041	0.197	0.000	1.000
一部過疎ダミー	0.192	0.394	0.000	1.000
2011 年度ダミー	0.141	0.348	0.000	1.000
2012 年度ダミー	0.141	0.348	0.000	1.000
2013 年度ダミー	0.142	0.349	0.000	1.000
2014 年度ダミー	0.146	0.353	0.000	1.000
2015 年度ダミー	0.146	0.353	0.000	1.000
2016 年度ダミー	0.146	0.353	0.000	1.000

務省），総務省統計局ウェブサイト「地方財政状況調査」，「健全化判断比率・
資金不足比率等の算定様式等データ」から入手している[24]．また，過疎地域
の詳細については，総務省過疎対策のウェブサイトを参照している[25]．課税
対象所得は「市町村税課税状況等の調」（総務省），人口や 65 歳以上人口は「住

(24)　それぞれのウェブサイトの URL と最終アクセス日は次のとおりである．「地方財政状況調査」
　　（https://www.e-stat.go.jp/stat-search/files?page=1&layout=datalist&toukei=00200251&tstat=000001077755&cycle=7&tclass1=000001077756&tclass2=000001077757：最終アクセス日 2018 年 10 月 1 日），「健全化判断比率・資金不足比率等の算定様式等データ」（http://www.soumu.go.jp/iken/zaisei/kenzenka/youshiki/index.html：最終アクセス日 2018 年 9 月 19 日）．
(25)　「過疎対策」（http://www.soumu.go.jp/main_sosiki/jichi_gyousei/c-gyousei/2001/kaso/kasomain0.htm：最終アクセス日 2018 年 7 月 1 日）

78　　　　第2部　研究論文

表4　推定結果①

被説明変数	過疎債 / 標準財政規模								
ケース	(1)	(2)	(3)	(4)	(5)	(6)	(7)	(8)	(9)
交付税措置率	-0.415	-0.693	-0.439	-0.464	-0.717	-0.479			
	[-3.247] ***	[-5.338] ***	[-3.520] ***	[-3.694] ***	[-5.634] ***	[-3.887] ***			
経常収支比率	0.033	0.057	0.034	0.021	0.052	0.023	0.031	0.012	0.034
	[1.090]	[1.886] *	[1.141]	[0.709]	[1.746] *	[0.764]	[1.022]	[0.392]	[1.150]
ソフト事業交付金比率	-1.386	-1.348	-1.395	-1.401	-1.353	-1.407	-1.217	-1.212	-1.093
	[-0.890]	[-0.870]	[-0.896]	[-0.899]	[-0.873]	[-0.903]	[-0.780]	[-0.777]	[-0.703]
国庫支出金比率	0.020	0.027	0.021	0.021	0.028	0.021	0.023	0.024	0.031
	[1.888] *	[2.540] **	[1.901] *	[1.951] *	[2.582] ***	[1.957] *	[2.137] **	[2.209] **	[2.828] ***
都道府県支出金比率	0.017	0.018	0.016	0.017	0.018	0.017	0.017	0.018	0.019
	[1.150]	[1.273]	[1.141]	[1.174]	[1.288]	[1.167]	[1.193]	[1.245]	[1.352]
臨財債比率	0.198	0.192	0.197	0.195	0.191	0.194	0.188	0.186	0.177
	[1.606]	[1.563]	[1.593]	[1.575]	[1.550]	[1.567]	[1.522]	[1.504]	[1.432]
実質公債費比率	-0.120	-0.055	-0.113				-0.148		
	[-1.995] **	[-0.913]	[-1.892] *				[-2.508] **		
交付税見込率	-0.011			-0.008			-0.017		
	[-0.874]			[-0.602]			[-1.348]		
地方債現在高比率		-0.038			-0.038				-0.030
		[-6.679] ***			[-6.885] ***				[-5.542] ***
積立金現在高比率	0.007	0.006	0.006	0.010	0.007	0.010	0.010	0.015	0.015
	[0.884]	[0.778]	[0.843]	[1.334]	[0.999]	[1.290]	[1.337]	[2.079] **	[2.071] **
次年度首長選挙予定ダミー	0.081	0.088	0.081	0.083	0.089	0.083	0.063	0.065	0.062
	[0.414]	[0.456]	[0.414]	[0.424]	[0.461]	[0.424]	[0.324]	[0.333]	[0.317]
次年度議会議員選挙予定ダミー	-0.096	-0.117	-0.097	-0.094	-0.117	-0.095	-0.093	-0.087	-0.104
	[-0.474]	[-0.585]	[-0.481]	[-0.464]	[-0.581]	[-0.469]	[-0.458]	[-0.429]	[-0.514]
当該年度首長選挙ダミー	-0.047	-0.040	-0.049	-0.054	-0.043	-0.055	-0.048	-0.054	-0.047
	[-0.236]	[-0.200]	[-0.245]	[-0.270]	[-0.214]	[-0.274]	[-0.241]	[-0.270]	[-0.236]
当該年度議会議員選挙ダミー	-0.103	-0.110	-0.104	-0.103	-0.110	-0.103	-0.100	-0.098	-0.103
	[-0.506]	[-0.546]	[-0.510]	[-0.505]	[-0.545]	[-0.508]	[-0.493]	[-0.483]	[-0.508]
平均所得	1.236	1.621	1.318	1.490	1.731	1.536	1.415	1.607	1.943
	[0.730]	[0.963]	[0.779]	[0.882]	[1.031]	[0.910]	[0.835]	[0.950]	[1.153]
65歳以上人口比率	-2.100	-1.938	-2.118	-2.140	-1.950	-2.150	-2.324	-2.352	-2.330
	[-5.731] ***	[-5.309] ***	[-5.789] ***	[-5.846] ***	[-5.345] ***	[-5.883] ***	[-6.427] ***	[-6.499] ***	[-6.478] ***
65歳以上人口比率 2乗項	0.027	0.025	0.027	0.027	0.025	0.027	0.029	0.029	0.029
	[5.718] ***	[5.355] ***	[5.766] ***	[5.855] ***	[5.405] ***	[5.884] ***	[6.283] ***	[6.401] ***	[6.359] ***
みなし過疎ダミー	0.522	0.524	0.584	0.586	0.543	0.627	0.534	0.499	0.503
	[0.236]	[0.238]	[0.264]	[0.265]	[0.247]	[0.283]	[0.241]	[0.225]	[0.228]
一部過疎ダミー	-2.052	-2.072	-2.074	-2.011	-2.050	-2.028	-2.053	-1.953	-1.989
	[-1.510]	[-1.532]	[-1.526]	[-1.479]	[-1.516]	[-1.492]	[-1.508]	[-1.435]	[-1.466]
2011年度ダミー	0.514	0.165	0.510	0.652	0.222	0.643	0.520	0.716	0.395
	[1.243]	[0.398]	[1.233]	[1.599]	[0.540]	[1.578]	[1.256]	[1.755] *	[0.963]
2012年度ダミー	1.390	1.012	1.377	1.602	1.103	1.583	1.369	1.682	1.297
	[3.502] ***	[2.541] **	[3.471] ***	[4.185] ***	[2.860] ***	[4.150] ***	[3.446] ***	[4.395] ***	[3.363] ***
2013年度ダミー	1.415	0.933	1.399	1.733	1.071	1.708	1.423	1.888	1.400
	[3.096] ***	[2.030] **	[3.064] ***	[4.046] ***	[2.467] **	[4.007] ***	[3.113] ***	[4.423] ***	[3.242] ***

過疎対策事業債の発行要因に関する実証分析　79

2014年度ダミー	2.526 [4.438] ***	1.933 [3.378] ***	2.505 [4.405] ***	2.932 [5.511] ***	2.110 [3.916] ***	2.899 [5.479] ***	2.563 [4.503] ***	3.158 [5.969] ***	2.565 [4.799] ***
2015年度ダミー	3.601 [5.379] ***	3.257 [4.876] ***	3.593 [5.366] ***	4.074 [6.504] ***	3.467 [5.528] ***	4.048 [6.478] ***	3.661 [5.464] ***	4.324 [6.934] ***	3.922 [6.283] ***
2016年度ダミー	3.973 [5.686] ***	3.606 [5.170] ***	3.972 [5.685] ***	4.536 [7.092] ***	3.855 [6.004] ***	4.511 [7.068] ***	4.029 [5.760] ***	4.798 [7.538] ***	4.348 [6.813] ***
定数項	41.906 [5.239] ***	41.926 [5.314] ***	40.983 [5.169] ***	41.118 [5.145] ***	41.720 [5.290] ***	40.509 [5.111] ***	44.774 [5.693] ***	45.653 [5.773] ***	47.114 [5.997] ***
サンプル	5,134	5,134	5,134	5,134	5,134	5,134	5,134	5,134	5,134
Adj R2	0.092	0.131	0.092	0.091	0.137	0.091	0.089	0.088	0.094
F test	3.63***	3.40***	3.70***	3.64***	3.49***	3.71***	3.75***	3.70***	3.52***
Breusch-Pagan test	959.23***	658.44***	992.37***	966.17***	722.33***	998.85***	1,083.51***	1,067.94***	812.48***
Hausman test	84.20***	258.09***	93.23***	92.70***	252.37***	98.45***	26.72	550.77***	180.88***

（注）　1）　*** は 1 %，** は 5%，* は 10% 水準で有意。

　　　　2）　F test はすべての固定効果が 0 である，という帰無仮説を棄却する場合，固定効果推定を示す。

　　　　3）　Breusch-Pagan test は変量効果モデルの誤差項の分散が 0 という帰無仮説を棄却する場合，変量効果推定を示す。

　　　　4）　Hausman test は変量効果が説明変数と相関していない，という帰無仮説を棄却する場合，固定効果推定を示す。

　　　　5）　[ ] 内は t 値を表す。

表 5　推定結果②

被説明変数	その他の地方債 / 標準財政規模								
ケース	(1)	(2)	(3)	(4)	(5)	(6)	(7)	(8)	(9)
交付税措置率	-0.003 [-0.023]	-0.050 [-0.361]	0.262 [1.967] **	-0.122 [-0.916]	-0.181 [-1.329]	0.132 [1.002]			
経常収支比率	0.038 [1.207]	0.050 [1.549]	0.022 [0.688]	0.009 [0.301]	0.021 [0.668]	-0.017 [-0.543]	0.024 [0.754]	0.007 [0.223]	0.017 [0.530]
ソフト事業交付金比率	-3.911 [-2.376] **	-3.757 [-2.276] **	-3.815 [-2.296] **	-3.948 [-2.393] **	-3.783 [-2.287] **	-3.854 [-2.311] **	-3.921 [-2.361] **	-3.898 [-2.364] **	-3.717 [-2.248] **
国庫支出金比率	-0.015 [-1.279]	-0.008 [-0.660]	-0.016 [-1.393]	-0.013 [-1.132]	-0.005 [-0.455]	-0.014 [-1.214]	-0.018 [-1.526]	-0.012 [-1.071]	-0.005 [-0.395]
都道府県支出金比率	0.027 [1.791] *	0.031 [2.024] **	0.029 [1.867] *	0.028 [1.843] *	0.032 [2.096] *	0.030 [1.940] *	0.028 [1.838] *	0.028 [1.861] *	0.032 [2.112] **
臨財債比率	0.054 [0.414]	0.067 [0.510]	0.072 [0.550]	0.045 [0.343]	0.058 [0.444]	0.062 [0.471]	0.077 [0.588]	0.043 [0.326]	0.055 [0.417]
実質公債費比率	-0.293 [-4.606] ***	-0.302 [-4.733] ***	-0.374 [-5.872] ***				-0.353 [-5.621] ***		
交付税見込率	0.125 [9.056] ***			0.134 [9.771] ***			0.132 [9.781] ***		
地方債現在高比率		-0.046 [-7.699] ***			-0.050 [-8.453] ***			-0.048 [-8.408] ***	
積立金現在高比率	0.000 [0.058]	0.003 [0.406]	0.004 [0.483]	0.008 [1.050]	0.012 [1.459]	0.014 [1.811] *	0.002 [0.215]	0.010 [1.249]	0.013 [1.735] *
次年度首長選挙予定ダミー	-0.330 [-1.604]	-0.322 [-1.559]	-0.331 [-1.594]	-0.325 [-1.576]	-0.316 [-1.527]	-0.325 [-1.557]	-0.321 [-1.544]	-0.329 [-1.599]	-0.323 [-1.561]
次年度議会議員選挙予定ダミー	0.053 [0.248]	0.044 [0.205]	0.069 [0.320]	0.058 [0.272]	0.048 [0.224]	0.077 [0.356]	0.066 [0.307]	0.060 [0.280]	0.051 [0.240]

第2部　研究論文

当該年度首長選挙	-0.333	-0.303	-0.314	-0.349	-0.317	-0.333	-0.314	-0.349	-0.318
ダミー	[-1.573]	[-1.428]	[-1.471]	[-1.646] *	[-1.493]	[-1.557]	[-1.473]	[-1.646] *	[-1.498]
当該年度議会議員選挙	-0.130	-0.129	-0.121	-0.129	-0.129	-0.119	-0.123	-0.128	-0.127
ダミー	[-0.605]	[-0.600]	[-0.558]	[-0.602]	[-0.596]	[-0.549]	[-0.567]	[-0.596]	[-0.588]
平均所得	-1.028	-1.545	-1.917	-0.409	-0.939	-1.194	-1.975	-0.378	-0.885
	[-0.574]	[-0.862]	[-1.063]	[-0.228]	[-0.524]	[-0.661]	[-1.095]	[-0.211]	[-0.494]
65歳以上人口比率	-0.767	-0.349	-0.570	-0.864	-0.415	-0.678	-0.448	-0.920	-0.511
	[-1.980] **	[-0.899]	[-1.462]	[-2.229] **	[-1.067]	[-1.734] *	[-1.162]	[-2.403] **	[-1.336]
65歳以上人口比率	0.009	0.004	0.006	0.010	0.005	0.008	0.005	0.011	0.006
2乗項	[1.734] *	[0.805]	[1.291]	[2.029] **	[1.031]	[1.629]	[1.038]	[2.172] **	[1.258]
みなし過疎ダミー	1.263	0.512	0.586	1.420	0.616	0.727	0.616	1.397	0.606
	[0.540]	[0.218]	[0.249]	[0.606]	[0.262]	[0.307]	[0.261]	[0.596]	[0.258]
一部過疎ダミー	3.612	3.856	3.853	3.712	3.977	4.006	3.840	3.727	3.992
	[2.515] ***	[2.678] ***	[2.659] ***	[2.579] ***	[2.756] ***	[2.754] ***	[2.649] ***	[2.590] ***	[2.766] ***
2011年度ダミー	-0.460	-0.839	-0.415	-0.123	-0.527	0.026	-0.421	-0.106	-0.483
	[-1.052]	[-1.899] *	[-0.941]	[-0.285]	[-1.203]	[0.060]	[-0.955]	[-0.246]	[-1.106]
2012年度ダミー	0.787	0.490	0.937	1.303	0.992	1.621	0.942	1.324	1.041
	[1.877] *	[1.156]	[2.215] **	[3.215] ***	[2.409] **	[3.969] ***	[2.226] **	[3.272] ***	[2.537] **
2013年度ダミー	0.882	0.487	1.059	1.658	1.248	2.083	1.044	1.699	1.331
	[1.827] *	[0.995]	[2.174] **	[3.657] ***	[2.694] ***	[4.566] ***	[2.144] **	[3.765] ***	[2.898] ***
2014年度ダミー	1.598	1.132	1.834	2.587	2.105	3.140	1.799	2.646	2.220
	[2.657] ***	[1.859] *	[3.024] ***	[4.593] ***	[3.660] ***	[5.544] ***	[2.967] ***	[4.730] ***	[3.904] ***
2015年度ダミー	0.805	0.491	0.902	1.958	1.648	2.409	0.861	2.024	1.763
	[1.137]	[0.690]	[1.263]	[2.952] ***	[2.462] **	[3.603] ***	[1.206]	[3.069] ***	[2.655] ***
2016年度ダミー	0.669	0.227	0.677	2.042	1.601	2.461	0.643	2.111	1.725
	[0.907]	[0.306]	[0.909]	[3.015] ***	[2.336] **	[3.603] ***	[0.863]	[3.137] ***	[2.541] **
定数項	10.118	21.378	20.221	8.195	20.239	18.653	17.962	9.386	21.598
	[1.197]	[2.545] **	[2.391] **	[0.969]	[2.404] **	[2.199] **	[2.143] **	[1.123]	[2.585] ***
サンプル	5,134	5,134	5,134	5,134	5,134	5,134	5,134	5,134	5,134
Adj R2	0.068	0.063	0.051	0.064	0.059	0.058	0.061	0.063	0.058
F test	3.87***	3.32***	3.71***	3.83***	3.33***	3.64***	3.80***	3.91***	3.40***
Breusch - Pagan test	1,009.39***	588.36***	1,047.09***	1,005.30***	608.53***	1,043.41***	1,111.26***	1,054.16***	655.74***
Hausman test	174.96***	284.31***	24.70	156.49***	265.64***	160.46***	151.02***	154.06***	252.47***

（注）　1）*** は1％，** は5％，* は10％水準で有意。

2）F test はすべての固定効果が0である，という帰無仮説を棄却する場合，固定効果推定を示す。

3）Breusch-Pagan test は変量効果モデルの誤差項の分散が0という帰無仮説を棄却する場合，変量効果推定を示す。

4）Hausman test は変量効果が説明変数と相関していない，という帰無仮説を棄却する場合，固定効果推定を示す。

5）[ ] 内はt値を表す。

民基本台帳年齢別人口」（総務省）から使用している．首長選挙・議会議員選挙の時期については，「全国首長名簿」（地方自治総合研究所）のデータを活用している．各データの記述統計量は表3のとおりである．

3.3　推定結果

　推定結果は表4，表5のとおりである．それぞれの表の下部には，F検定，Breusch-Pagan検定，Hausman検定の結果をまとめている．これらの検定結果を踏まえると，表4のケース（7）と表5のケース（3）を除いて，式（1）の想定どおり，固定効果推定が採択された．なお，表4のケース（1）〜（9）は被説明変数に過疎債の標準財政規模に対する比率を用いた結果である．また，表5のケース（1）〜（9）は被説明変数にその他の地方債の標準財政規模に対する比率を用いた結果である．

　まず，交付税措置率は表4のケース（1）から（6）で負の有意な結果を得た．宮下（2015a）と同様，過疎債は過疎債の交付税措置の少なかった過疎地域ほど発行されている，と解釈できる．しかし，表5ではケース（3）は正の有意な結果であるものの，それ以外では有意な結果を得られなかった．表4の過疎債を被説明変数に用いた結果は表5のその他の地方債を被説明変数に用いた結果と比べると，いずれのケースでも交付税措置率の係数や有意性が顕著に大きい．過疎債の交付税措置率は起債条件の有利な過疎債発行において強く影響しているといえよう．したがって，仮説1は支持されると考えられる．

　経常収支比率は表4のケース（2）とケース（5）で正の有意な結果であるが，それ以外のケースで有意でなかった．また，表5のいずれのケースでも有意な結果を得られなかった．過疎債は2010年度から投資的経費以外のソフト事業にも充当できるようになったが，財政の硬直性との有意な関係性は見られない，と解釈できる．

　次に，ソフト事業交付金比率は表5のみで負の有意な結果となった．当初，過疎地域が国からソフト事業交付金を得た場合，過疎債の一部もソフト事業へ充当することで，過疎債発行の増加要因になると思われた．しかし，推定結果を踏まえると，過疎地域はソフト事業交付金を獲得することで，その他の地方債を発行しなくなる傾向にあることがわかる．前節で確認したように，ソフト

事業に充当される過疎債は約2割であるため，ソフト事業交付金は過疎債総額の増加要因にはなっていないと考えられる．

また，国庫支出金比率は表4の過疎債を被説明変数に用いた場合で正の有意な結果であり，都道府県支出金比率は表5のその他の地方債を被説明変数に用いた場合で正の有意な結果であった．過疎債は前年度に国庫支出金が多いほど発行されており，その他の地方債は前年度に都道府県支出金が多いほど発行されている，と解釈できる．過疎債は国（内閣総理大臣）へ提出した過疎地域自立促進市町村計画に基づいて発行されるため，国庫支出金との親和性が高いと思われる．その一方で，市町村は一般的に都道府県との協議を経て地方債を発行しているため，過疎債以外の地方債発行では都道府県による影響が反映されやすいのかもしれない[26]．

さらに，臨財債比率は表4，表5ともに有意な結果を得られなかった．図1では，過疎債は臨財債と代替的な関係性があるように思われたが，臨財債の発行可能額は過疎債の発行に影響を与えていないといえる．両者は地方債であるものの，臨財債が地方交付税の代替財源という側面があり，過疎債は主に投資的経費の財源である，という違いが影響していると思われる．

実質公債費比率については，表4のケース (1), (3), (7)，表5のケース (1), (2), (3), (7) で負の有意な結果になった．過疎地域では実質公債費比率が高いほど，過疎債やその他の地方債の発行は抑制されている，と解釈できる．ただ，実質公債費比率について表4と表5で比較すると，表5では変数として採用したすべてのケースで表4よりも，その有意性は高く係数も大きい．つまり，過疎債の発行はその他の地方債よりも実質公債費比率に基づいて抑制されていない，と考えられる[27], [28]．これらの分析結果を踏まえると，本稿の

---

(26) 2012年度以降，地方債協議制度では各自治体が健全化判断比率において協議不要基準をすべて満たせば，事前届出のみで地方債を発行できる．協議不要基準は実質公債費比率18%未満，実質赤字比率0，連結実質赤字比率0，将来負担比率350%未満（都道府県・政令指定都市は400%未満）である．協議不要基準を満たさない過疎地域数は本稿のサンプルで2010年度に595であったが，2016年度に3へ減少している．

(27) 実質公債費比率の健全化基準を考慮して，実質公債費比率18%以上25%未満のダミー変数，実質公債費比率25%以上のダミー変数を考慮した推定も試みたが，過疎債発行について負の有意な結果を得られなかった．

(28) 本稿のサンプルでは実質公債費比率18%以上25%未満の過疎地域数が2009年度の178から2015年度の7へ減少している．また，実質公債費比率25%以上の過疎地域数は2009年度で8，2010年度で3であった．過疎地域の財政健全化は着実に進んでいるものの，実質公債費比率はそ

推定結果では仮説2が成立するものの，過疎債はその他の地方債と比べると起債されやすい傾向にあるといえよう．

交付税見込率については表5でのみ正の有意な結果を得た．すべての地方債に関する元利償還の交付税見込額が多ければ，過疎地域はその他の地方債を発行しているといえる．交付税見込額が全地方債を対象としたストックデータであるため，過疎債以外の地方債との関係性が強いと思われる．

地方債現在高は表4，表5ともに変数として用いたすべてのケースで負の有意な結果であり，土居・別所（2005a）や宮下（2015b）などの先行研究と整合的である．期首地方債残高が標準財政規模に比して大きい過疎地域ほど，過疎債やその他地方債の発行を抑制していることがうかがえる．なお，表4では地方債現在高の有意性は他の財政変数と比べると大きいため，ストックの状況が過疎債の発行に顕著に影響していることを示唆している．

一方で，積立金現在高比率は表4のケース（8），（9），表5の（6），（9）を除き有意な結果でなかった．過疎債は特定目的基金の財源にも充当できるため，過疎地域はこれまでの基金残高を踏まえて過疎債を発行すると思われたが，本稿の推定ではそのような傾向を確認できなかった[29]．

選挙に関するダミー変数についても表5のケース（4），（8）で当該年度首長選挙ダミーが負の有意な結果であるが，その他のケースでは有意な結果を得られなかった．Rogoff and Sibert（1988），Rogoff（1990）などが提示した政治的予算循環仮説は過疎債発行の局面で存在せず，本稿の推定結果は仮説3を支持しないものと思われる．この背景には，過疎対策事業は「過疎地域自立促進市町村計画」に基づいて行われるため，選挙時期を見計らった財政運営がしにくいことが影響していると考えられる．

平均所得については表4で係数が正，表5で係数が負であったが，有意な結果を得られなかった．過疎債は過疎地域の財政支援措置であるため，財政基盤の脆弱な地域で発行されていると思われたが，過疎債やその他地方債の発行

の他の地方債と比べると過疎債の発行に十分影響していない，と解釈できる．この背景には，過疎地域が過疎地域自立促進市町村計画の策定や過疎債の発行に際し，国などの関係者と事前に調整していることも関係していると類推される．
(29) 総務省（2017）では，過疎債の基金積み立て充当金額が2016年度末で341億円であり，合併特例債の基金積み立て充当額8,238億円と比べて少額である調査結果を示している．過疎債は基金に充当できる財源であるものの，積立金総額を変化させるほどの規模ではないと思われる．

は過疎地域の経済水準を踏まえたものでないのかもしれない.

65歳以上人口比率は,表4のすべてのケースで負の有意な結果を得た.また,65歳以上人口比率の2乗項については,表4で正の有意な結果になった.過疎債の発行は高齢化の進展に対してU字形で増加することを示唆している.表4のケース(1)から(9)における65歳以上人口比率とその2乗項の係数を基に,過疎債の標準財政規模に対する比率が増加に転じる65歳以上人口比率を算出すると38.8~40.6%であった.表3の記述統計量では,65歳以上人口率の平均値は約34.6%である.つまり,過疎地域では高齢化率がその平均値を超えて約4割になると,過疎債を増加させていると解釈できる.

その一方で,表5のケース(1),(4),(8)を除いて,65歳以上人口比率とその2乗項がともに有意なケースはなかった.過疎地域は高齢化の進展に伴って,その他の地方債ではなく過疎債を発行していることがうかがえる.今後,高齢化はさらに加速することから,過疎地域の多くは過疎債に依存した財政運営を強いられる可能性が高いといえよう.

過疎地域に関するダミー変数については,表4ではいずれの変数も有意でないものの,表5では一部過疎ダミーが全ケースで正の有意な結果となった.一部過疎の地域では過疎債対策事業が自治体の一部にしか適用できないので,他の過疎地域よりもその他の地方債を発行している,と考えられる.

最後に,年度ダミーは表4のケース(8)で2011年度以降,そのほかのケースで2012年度以降に,正の有意な結果である.表5ではケース(4)から(6),(8),(9)において2012年度から2016年度のダミー変数が正の有意な結果である.特に,表4の年度ダミーの有意性や係数は2016年度に向けて概ね大きくなっており,過疎債が過疎地域で近年増加していることがうかがえる.これらの推定結果は図1とほぼ整合的である.

4. 結論と今後の課題

わが国は人口減少にともなって,過疎地域が今後も増加していく可能性が高い.過疎債はハード整備やソフト事業に100%充当でき,その元利償還における住民負担は3割ですむため,過疎地域に対する財政支援という側面を持つ.

ただ，過疎地域が元利償還の7割の負担を地方交付税制度によって他地域住民に転嫁させている恐れもある．そこで本稿では，過疎地域がどのような要因で過疎債を発行するのかを定量的に明らかにしてきた．本稿の分析結果から得られた主な知見は次のとおりである．

まず，過疎債の交付税措置の少なかった過疎地域ほど過疎債を発行していた．過疎地域は過疎債を含む地方債の発行に際して，国からの財政支援措置を踏まえた財政運営を行っている証左といえる．次に，実質公債費比率は過疎債とその他地方債の発行に負の有意な影響を与えるものの，過疎債の発行はその他の地方債よりも実質公債費比率に基づいて抑制されていない傾向も確認された．

さらに，過疎債は高齢化が進んだ過疎地域で顕著に発行されていることがわかった．具体的には，65歳以上人口比率が4割近くになると，過疎地域は過疎債を優先的に発行する傾向がみられた．高齢化はさらに進展する見込みであるため，過疎地域の多くが過疎債に依存した財政運営を強いられると予想される．

今後，過疎地域がさらに増加していけば，国は財政支援措置の拡充に迫られるであろう．ただ，国も財政的余力が十分にあるわけではない．本稿の推定結果を踏まえると，現行の過疎法が2020年度に期限切れとなるため，過疎法の目的のひとつである「過疎地域の自立促進」に照らして，過疎地域では過疎債などの地方債発行に関する新たな制度設計を必要とするかもしれない[30]．

最後に，本稿の課題を整理する．まず，データの制約があり，ソフト事業に充当された過疎債を地域別に検証することができなかった．過疎債のソフト事業への充当は地方債の財源意義を変質させる可能性もあるため，そのデータ整備が今後急務になるだろう．次に，本稿では過疎債の発行要因を特定化したものの，過疎債と歳出増加との関係を検証できていない．過疎地域の財政運営の健全性を検証するには，過疎債に充当された費目を明確にする必要がある．

---

(30) なお，「過疎地域自立促進特別措置法第十二条第二項に規定する総務省令で定めるところにより算定した額を定める省令（平成二十二年総務省令第四十九号）」では，ソフト事業に対する過疎債の発行限度額を定めている．具体的な算定式は，「基準財政需要額 × (0.56- 財力力指数) × 1/15」であり，最低保障額は 3,500 万円である．

参考文献

Rogoff, K. (1990) "Equilibrium political budget cycles", *The American Economic Review* 80, pp.21-36.

Rogoff, K., and A. Sibert (1988) "Elections and macroeconomic policy cycles" *The Review of Economic Studies* 55, pp.1-16.

石川達哉 (2006)「建設地方債に対する交付税措置の価格効果」『ニッセイ基礎研所報』Vol.41, pp.55-84.

石黒将之 (2012)「事業費補正の見直しが地方債発行に与える影響―都道府県データを用いた臨時高等学校整備事業債に関する研究―」PRI Discussion Paper Series No.12A-02, 財務省財務総合政策研究所.

大野太郎・小林航 (2011)「地方債充当率の実証分析：市町村データからの検証」『財政研究』第7巻, pp.176-190.

柏木恵 (2016)「財政再建への道のり―どん底からどのように抜け出したか―兵庫県香美町：過疎債と地総債の負担からの脱却」『地方財務』8月号, pp.140-151.

総務省自治財政局 (2017)「地方公共団体の基金の積立状況等に関する調査結果」(平成29年11月)

土居丈朗・別所俊一郎 (2005a)「地方債の元利補給の実証分析」『財政研究』第1巻, pp.311-328.

土居丈朗・別所俊一郎 (2005b)「地方債元利償還金の交付税措置の実証分析―元利補給は公共事業を誘導したか―」『日本経済研究』第51巻, pp.33-58.

土居丈朗 (2007)『地方債改革の経済学』日本経済新聞出版社.

中野英夫 (2002)「地方債制度と財政規律：地方債の交付税措置を通じた地方債許可制度の歪み」『フィナンシャル・レビュー』第61号, pp.146-161.

平嶋彰英・植田浩 (2001)『地方債』ぎょうせい.

宮崎雅人 (2005)「地方単独事業と財政支援措置―市町村における単独事業を中心に―」『三田学会雑誌』第98巻第1号, pp.75-93.

宮下量久 (2015a)「合併過疎市町村における地方債の発行要因」第23回日本地方財政学会報告論文.

宮下量久 (2015b)「合併特例債の発行要因に関する実証研究―地域内所得格差に着目した合併自治体別パネルデータ分析―」『日本地方財政学会研究叢書：原子力災害と地方自治体の財政運営』第22号, pp.107-129.

宮下量久・鷲見英司 (2017)「合併自治体の財政調整基金に関する実証分析」『日本地方財政学会研究叢書：「地方創生」と地方における自治体の役割』第24号, pp.125-149.

コンパクトシティが自治体財政に与える影響[※]

竹 本 　 亨
(帝塚山大学)

赤 井 　 伸 郎
(大阪大学大学院)

沓 澤 　 隆 司
(経済産業研究所)

要　旨

　本稿では,「基準化された標準距離」を都市のコンパクト化の度合いを示す指標として用いて,都市のコンパクト化が基礎自治体の歳出に与える影響を分析した.その結果,「基準化された標準距離」に関して一人当たり歳出総額はU字型となっており,一人当たり歳出総額が最小となる「基準化された標準距離」が存在することが示された.つまり,財政的に適度なコンパクト化の度合いが存在することが明らかとなった.そして,その最小となる「基準化された標準距離」よりもコンパクトでない市町村は全体の4分の3もあり,それらの市町村ではコンパクト化によって歳出が低下する可能性があることが示唆される.さらに,目的別歳出の衛生費と土木費,消防費,教育費,さらに細目の小学校費と中学校費の合計についても同様の結果となった.これらは一人当たり歳出が最小となる「基準化された標準距離」が歳出総額のそれよりも小さく,コンパクト化の効果が発揮される領域が広いことを示唆している.すなわち,コンパクト化の効果がより広範囲な市町村で発揮される費目と言える.

　キーワード　コンパクトシティ,歳出,人口減少

1.　はじめに

　人口減少と高齢化による自治体財政の悪化が懸念される中で,コンパクトシティが注目されている.それは,基礎自治体のサービスには,居住エリアが小さ

[※] 日本地方財政学会第26回大会で討論者の鷲見英司先生(新潟大学)やフロアーの参加者から貴重なご指摘を多数いただいた。また,匿名レフェリーからの有益なコメントにより本稿を改善することができた。あらためて謝意を申し上げたい。なお,この論文の作成に当たっては,JSPS科研費15H03361,16K03614の助成を受けている。

いほどサービスの供給エリアが小さくなり，コストが抑えられるものがあるからである．例えば，道路面積に応じて決まる道路の新設・改良や維持補修といったインフラ関連や，消防やごみ収集などのように受益者の所まで出向いて提供するサービスである．これらは，サービスの需要量だけでなく，居住者の分布がどのようになっているかもコストを左右する重要な要素となっている．そのため，都市構造をよりコンパクトにすることによって，同じ人口であっても効率的に公共サービスを提供することが可能となるかもしれない．本稿では，このような背景を下に，コンパクトな基礎自治体ほど，効率的に公共サービスを提供することが可能となっているのかを，一人当たりの歳出の大きさから検証する．

多くの先行研究で，基礎自治体の一人当たり歳出には人口に関する規模の経済性があることが指摘されてきた（中井（1988）や原田・川崎（2000），林（2002），中村（2014）など）．本稿が対象とする 2010 年度決算に関してもそれが確認できる．表 1 は一人当たり歳出総額を人口の対数とその 2 乗の項を説明変数にして回帰分析した結果で，説明変数はすべて 1 ％水準で有意となっている．ただし，全市町村を対象にした場合は補正済み決定係数が 0.7080 と高いが，人口3 万人以上や 4 万人以上の市町村に限定すると，補正済み決定係数は 0.0916と 0.0913 と著しく低くなる[1]．一方で，人口 3 万人以下の市町村に限定した場合の補正済み決定係数は 0.6707 と高い．このことは，相対的に人口の少ない市町村に関しては一人当たり歳出に規模の経済性が大きく影響している

表1　回帰分析（一人当たり歳出総額）

	全市町村	人口3万人以下	人口3万人以上	人口4万人以上
ln(人口)	-1.5660 ***	-1.2280 ***	-1.3868 ***	-1.6552 ***
	(0.0463)	(0.1105)	(0.2044)	(0.2360)
$(\ln(人口))^2$	0.0639 ***	0.0429 ***	0.0558 ***	0.0666 ***
	(0.0023)	(0.0046)	(0.0086)	(0.0098)
定数	15.4280 ***	14.0936 ***	14.4684 ***	16.1255 ***
	(0.2327)	(0.6834)	(1.2073)	(1.4192)
補正済み決定係数	0.7080	0.6707	0.0916	0.0913
観測値数	1726	944	782	636

（注）*** は 1 ％, ** は 5 ％, * は 10 ％有意，括弧書きは標準誤差である．

(1) 政令指定都市を除いても補正済み決定係数はほとんど変化しない．

図1　人口密度とコンパクト化の度合いの違い

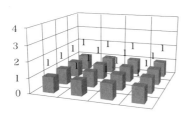
A市（16万人）

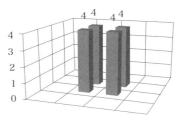
B市（1万人）

が，人口が多い市町村に関してそれは小さいことを示している[2]．

それでは，相対的に人口の多い市町村については，一人当たり歳出に影響する要因は何であろうか．中井（1988）などいくつかの先行研究は，市町村の面積が一人当たり歳出に影響を与えており，同じ人口でも公共サービスを提供する地域が狭い方が一人当たり歳出は低くなる傾向にあることを示した．つまり，人口密度が重要ということになる．

しかしながら，同じ人口密度の市町村であったとしても人口分布の状態は同じではない．例えば，図1のような例で考えてみる．A市とB市は人口も面積も同じ，つまり人口密度も同じである．A市のように市域全体に均一に人々が居住している場合よりも，B市のように人々が中心部に集まって居住している方をコンパクトな都市と呼ぶことができるだろう．このようにコンパクトな都市とそうでない都市を比べた時に，公共サービスの一人当たり費用に違いは生じないのだろうか．

我々は，A市よりもB市のようにコンパクトな都市の方が公共サービスの一人当たり費用が低くなる可能性があると考える．なぜならば，コンパクトな都市の方が必要な道路や橋が少なくて済み，道路インフラの整備や維持費用が低いかもしれないからである．さらに，道路のような社会インフラだけでなく，消防やごみ収集といった受益者の所まで出向いて提供するサービスでも，提供する面積が小さくなるので費用が低下する可能性がある．つまり，人口や面積，もしくは人口密度だけでなく，都市のコンパクト化の程度の違いが基礎自治体の一人当たり歳出に影響を与えている可能性がある．

---

[2] 原田・川崎(2000)は，人口の多い市のみのグループでは一人当たり歳出に関する分析で人口が有意でないことを指摘している．

都市のコンパクト化の度合いが財政に与える影響を分析した研究としては，川崎（2009）と関口（2012），杳澤（2016）がある．川崎（2009）はDID内の集中度合いをコンパクト化の度合いを示す指標（2.1節参照）として社会環境変数の一つに使用し，一人当たり歳出が最小となるDID人口密度を明らかにした．さらに，推計された係数が負であることより，DID内の集中度合いが高いほど一人当たり歳出は低くなるとしている．関口（2012）はDID人口密度をコンパクト化の度合いを示す指標として使用して，歳入から歳出を引いた差が最大となるコンパクト化の度合いを推計している．しかし，DID内の集中度合いやDID人口密度を指標として用いるには問題がある．一つはDIDの外の状況を捨象しているという点である．もう一つは，DID内に限定しても空間的な状況を捉えきれていないという点である（2.1節参照）．

このような研究を行う場合には，コンパクト化の度合いを示す適切な指標を採用することが重要となる．そこで，コンパクトシティの定義から考えていきたい．OECD（2013）による "Compact Cities Policies: A Comparative Assessment" においては，コンパクトシティを「人口密度が高く（dense），近接性が高く（proximate），容易に職場や地域の公共サービスに移動できる地方の都市開発の形態」と位置付けている．このように人口が都市の中心部に集中化していく状態を本稿では「都市のコンパクト化」と呼ぶこととする．ここで「都市の中心部」とは，Alonso（1964）が示すとおり，都市の住民が通勤する業務施設や商業施設が集中し，その近傍になるほど人口が集中しているモデルに従うならば，人口の分布上重心に当たるところが都市の中心部に当たると解することができる[3]．

杳澤（2016）は，コンパクト化の度合いを示す指標として「標準距離」を用いて，一人当たり歳出総額および一人当たり目的別歳出に与えるコンパクト化の影響を分析している．「標準距離」は，基礎自治体を約1km四方のメッシュに分け，その人口分布の中心から各メッシュまでの距離を各メッシュの人口で加重平均した値である．この値が小さいほど都市がコンパクトであることを表す．しかし，「標準距離」は人口規模を考慮していないため，人口の異なる都

---

[3] 現実には中心が2つ以上ある都市も存在するが，本稿では都市の中心は1つと仮定して定義されたコンパクト化の度合いを示す指標を使用する．詳細は脚注9を参照．

市を比較するには適切でないと考えられる（詳細は 2.1 節を参照）．

さらに，杏澤（2016）では標準距離が小さいほど一人当たり歳出が低下するとの結果となっている．しかしながら，コンパクト化の効果にも限界があるはずで，コンパクトであればあるほど一人当たり歳出がどんどん低下するとは考えにくい．コンパクトになることで発生する混雑効果が大きくなるため，防災上や衛生上の追加的な費用が必要となることが予想される．そのため，人口に関する規模の経済性と同様に，一人当たり歳出はコンパクト化の度合いに関してU字型となっており，一人当たり歳出が最小となるようなコンパクト化の度合いが存在すると考えるべきではないだろうか．

本稿では，都市のコンパクト化の度合いを示す指標として，杏澤・赤井・竹本（2017）で使用された「基準化された標準距離」を用いる．これは，人口規模を考慮するように杏澤（2016）の「標準距離」を修正した指標である．そして，2010 年度の基礎自治体の 1 人当たり歳出総額に「基準化された標準距離」が影響を与えたかを分析する[4]．さらに，目的別歳出の衛生費と土木費，消防費，教育費，さらに細目の道路橋りょう費および小学校費と中学校費の合計についても同様の分析を行う．

2. 分析方法

2.1 都市のコンパクト化の度合いを示す指標

これまでもコンパクトシティについての指標化がいくつか試みられてきた．この中では，林（2002）による DID の面積が都市全体に占める面積比率を測る方法のように，DID の面積や人口に着目した指標がある．先に述べた関口（2012）では DID の人口密度を使用している．しかし，DID は都市全域が DID に指定された都市や反対に全く指定されていない都市がある上に，広範な面積の DID の中の人口の集中状況が分からないため指標としては不十分である．

一方で，Nakamura and Tahira（2008）のように町丁目単位の人口密度を

---

(4) 本稿の発表後に執筆された杏澤 (2018) においても基準化された標準距離が社会環境変数として採用されている．杏澤 (2018) では川崎 (2009) のモデルをベースに人口密度の再検討がなされている．

元にローレンツ曲線を用いた分析や川崎（2009）のように DID 人口の町丁目シェアの二乗値の和で計算されるハーフィンダール・ハーシュマン指標を用いた分析がある．これらの指標には，町丁目という小地域の単位で人口の偏りを捉えることが可能という利点がある．しかし，これらの指標では都市の人口分布の違いは認識できるものの，都市の中心部にどの程度人口が集中しているかを正確に捉えることはできない[5]．

　都市のコンパクト化の定義に即して考えれば，人口が集中する中心部から人口が分布する場所までの距離を測定して，その乖離の度合いを指標化することが適切である．そのため，Terzi and Kaya（2008）や杳澤（2016）が使用した「標準距離」が参考になる．なお，Terzi and Kaya（2008）は都市の中心部からの距離の標準距離を算出し，それぞれの地域の中心部からの距離が標準距離に占める割合を元にその地域がスプロールの状況にあるかどうかの評価を行っている．杳澤（2016）は「標準距離」をコンパクト化の度合いを示す指標として使い，一人当たり歳出総額および目的別歳出に与えるコンパクト化の影響を分析している．

　この「標準距離」とは，ある都市内をメッシュ化した場合の都市の人口の重心を「中心点」として，中心点から各メッシュまでの地表面距離を[6]，人口で加重平均したもので，以下の式（1）で表される．

$$SD = \sqrt{\sum_{i=1}^{n} h_i r_i^2 / N} \tag{1}$$

ここで，SD は標準距離，h_i はメッシュ i における人口，r_i は中心点からの地

---

(5) 各町丁目の面積の差が大きいため，町丁目を使うことは精密な分析には適さないという問題点もある．

(6) ここで使用した「メッシュ」とは，昭和48年7月12日行政管理庁告示第143号による「標準地域メッシュ」を元にさらに細分化した緯度30秒，経度45秒からなる基準地域メッシュである．「中心点」は，それぞれのメッシュの領域の重心の緯度，経度をメッシュの人口で加重平均して求めている．その際には地理情報ソフト ArcGIS を使用した．また，「地表面距離」は，中心点とそれぞれのメッシュとの間の距離 (r) について，三浦 (2015) が示した下記の数式で算出した．

$$r = l \times arccos\ (sin\phi_1 \times sin\phi_2 + cos\phi_1 \times cos\phi_2 \times cos(\lambda_1 - \lambda_2))$$

ここで l は地球の赤道半径 (6378.137km)，ϕ_1 と λ_1 は中心点の緯度と経度，ϕ_2 と λ_2 はそれぞれのメッシュの重心の緯度と経度である．

図2 「標準距離」と「基準化された標準距離」の例

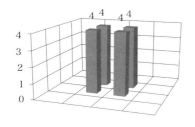
B市（16万人）

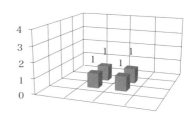
C町（1.4万人）

表面距離，N はそれぞれの都市の人口である．この指標は，都市中心部から各メッシュの重心までの距離の2乗についてそれぞれのメッシュの人口で加重平均した値の平方根を算出することで中心部への集中度を計測する点でより都市のコンパクト化本来の定義にかなったものと言える[7]．

図1の例の「標準距離」を算出すると，A市の SD は 1.58，B市の SD は 0.71 となり，A市の方がB市よりもコンパクトであると評価される．この例のように人口が同程度の場合には，「標準距離」は都市のコンパクト化の度合いを示す指標として適切であると考えてよいだろう．

しかし，人口規模が異なる自治体を比較する場合には「標準距離」には問題がある．例えば図2の場合を見てみると，B市の SD は 0.71，C町の SD も 0.71 となり，「標準距離」によるとB市とC町は同程度にコンパクトであると評価される．しかしながら，B市の人口は 16万人とC町の4倍となっており，B市の方がC町よりも中心により集積しているとみなすべきである．この点は，本稿が分析しようとしている一人当たり歳出との関係では重大な問題と言える．なぜならば，理論的には人口の多いB市の方が一人当たりでのコストは小さくなると考えられるにもかかわらず，両市の「標準距離」が同じとなるため，正確な分析が難しくなるからである．つまり，「標準距離」という指標では，人口規模を考慮できておらず，人口の少ない市町村のコンパクト化の度合いを過大に評価してしまうのである．

[7] また，メッシュ化したデータを使うので小地域の大小によるデータの偏りが生じない．

そこで，杳澤・赤井・竹本（2017）では標準距離に人口の平方根の逆数を掛けることで標準距離を修正し，これを「基準化された標準距離（Normalized Standard Distance, NSD）」と定義した．本稿でもこの「基準化された標準距離」を基礎自治体のコンパクト化の度合いを示す指標として用いる[8]．この指標は，以下の式（2）で表される．

$$NSD = \frac{\sqrt{\sum_{i=1}^{n} h_i \, r_i^2}}{N} \qquad (2)$$

図2の例の NSD は，B市が0.18，C町が0.35となり，SD と異なり人口規模の差が考慮できている．

2.2 分析モデル

本稿では，前節で説明した「基準化された標準距離（NSD）」を説明変数に取り入れ，基礎自治体の一人当たり歳出を被説明変数とした回帰分析を行う．コンパクト化には，集積が進むことで費用が低下するという正の効果とともに，混雑効果により防災上や衛生上の追加的な費用の発生という負の効果も想定される．この費用を考慮すると，コンパクトになればなるほど一人当たり歳出が低下するとは考えられず，人口規模と同様にU字型となる可能性がある．そこで，一人当たり歳出が最小となるコンパクト化の度合いが存在する可能性を考慮し，NSD の2乗の項を説明変数に加える．また，コントロール変数として，人口，15歳未満人口割合，65歳以上人口割合，昼夜間人口比率に加え，市町村の間での行政権限の違いを考慮するため，政令指定都市ダミー，中核市ダミー，町村ダミーを加える．具体的には，以下の式（3）を用いて分析を行う．

$$\ln \frac{c_i}{n_i} = \alpha + \beta_1 \ln NSD_i + \beta_2 \, (\ln NSD_i)^2 + \sum_j \beta_j \, x_{ji} + \gamma_i \qquad (3)$$

---

(8) 市町村合併を経験した場合に多いが，中心が複数あってそれらが相互に離れている基礎自治体がある．これらは，「基準化された標準距離」が大きくなりコンパクトでないと評価されるが，少なくとも本稿のように歳出を分析する上では問題ないと考えられる．なぜならば，中心が複数ある基礎自治体では，例えば需要面からは公共施設は1つで十分な場合でもそれぞれの中心部に必要に

ここで，c_i は歳出額，n_i は人口，NSD_i は「基準化された標準距離」，x_{ji} は人口，15歳未満人口割合，65歳以上人口割合，昼夜間人口比率，政令指定都市ダミー，中核市ダミー，町村ダミーを表している．γ_i は誤差項で，標準的な線形回帰モデルの性質を満たすとする．

なお，基本モデル（Model 1）に加え，人口を除いたモデル（Model 2）や政令指定都市ダミーなどを除いたモデル（Model 3），その両方を除いたモデル（Model 4）でも分析を行う．これは，NSD には人口が分母に入っており，頑健性を確かめるためである．政令指定都市ダミーなども人口が基準となっており，同様の理由からである．

2.3 データと変数

本稿で分析に使用する人口および財政データの年度は2010年度である．各変数の記述統計は表2のとおりである．また，説明変数の相関係数は表3のとおりである．NSD の分母には人口が入っており，人口との多重共線性が疑われる．さらに，NSD の値の高い自治体は，都市部にあって周辺の自治体から通勤・通学している可能性があり，昼夜間人口比率との多重共線性も疑われる．しかし，表3から NSD の2乗の項も含めて問題ないことが確かめられた．

次に，被説明変数となる市町村の歳出総額および目的別歳出内訳は，「平成22年度市町村別決算状況調」のデータを使用した．分析する目的別歳出の費目は，衛生費と土木費，消防費，教育費である．議会費のように都市のコンパクト度とは関係のない費目や扶助費の割合が高い民生費のような費目は分析対象から除外した．さらに，コンパクト化の度合いとより関係が深いと考えられる細目についても分析を行った．具体的には，土木費の中に含まれる道路橋りょう費と教育費の中に含まれる小学校費と中学校費の合計額である．

なったり，中心が1つの場合よりも長い距離の移動を伴うサービス提供になったりと，中心が一つの自治体よりも理論的には費用増となるからである．つまり，歳出という視点からはコンパクトでない都市と言える．

第2部　研究論文

表2　記述統計（2010年）

変数	平均	標準偏差	最小値	最大値
基準化された標準距離	1.5747	1.0610	0.3473	9.9255
人口（人）	138,229	2,521,993	30,021	3,688,773
15歳未満人口割合	0.1355	0.0163	0.0809	0.2004
65歳以上人口割合	0.2404	0.0469	0.1170	0.3862
昼夜間人口比率	0.9528	0.0861	0.7243	1.3276
歳出総額（百万円）	53,844	113,255	7,735	1,641,235
衛生費（百万円）	4,492	8130	568	91,189
土木費（百万円）	7,004	17,529	640	241,624
消防費（百万円）	1,769	2,885	272	37,318
教育費（百万円）	5,723	9,471	768	111,138
道路橋りょう費（百万円）	1,713	3,495	104	41,330
小学校・中学校費（百万円）	2,253	3,483	167	42,590

（資料）基準化された標準距離は，国勢調査のメッシュデータを元に算出.

表3　説明変数の相関係数

	$\ln(NSD)$	$\ln(NSD)^2$	$\ln$（人口）	$\ln\left(\dfrac{15歳未満}{人口割合}\right)$	$\ln\left(\dfrac{65歳以上}{人口割合}\right)$	$\ln\left(\dfrac{昼夜間}{人口比率}\right)$
$\ln(NSD)$	1					
$(\ln(NSD))^2$	0.6268	1				
$\ln$（人口）	-0.5015	-0.2472	1			
$\ln\left(\dfrac{15歳未満}{人口割合}\right)$	-0.3332	-0.3951	0.0290	1		
$\ln\left(\dfrac{65歳以上}{人口割合}\right)$	0.6815	0.5318	-0.2947	-0.7239	1	
$\ln\left(\dfrac{昼夜間}{人口比率}\right)$	0.2668	0.1226	0.1674	-0.0998	0.2108	1

3.　分析結果

3.1　歳出総額

　表4は，一人当たり歳出総額に関する分析結果である．Model 1～4のすべてで，「基準化された標準距離」およびその2乗の項は両方とも1％水準で有意となっている．2乗の項の係数は正で，「基準化された標準距離」に関して一人当たり歳出総額はU字型となっており，一人当たり歳出総額が最小となる「基準化された標準距離」が存在することを示している．つまり，コンパクト化が進むにつれてその効果は逓減し，財政的に適度なコンパクト化の度合いが存在することが明らかとなった（詳細は，3.4節を参照）．

表4　分析結果（一人当たり歳出総額）

	Model 1	Model 2	Model 3	Model 4
ln（基準化された標準距離）	0.0819*** (0.0131)	0.1061*** (0.0124)	0.0924*** (0.0139)	0.0804*** (0.0126)
(ln（基準化された標準距離))^2	0.1478*** (0.0101)	0.1458*** (0.0103)	0.1558*** (0.0107)	0.1578*** (0.0107)
ln（人口）	-0.0474*** (0.0096)		0.0144** (0.0072)	
ln（15 歳未満人口割合）	0.3298*** (0.0593)	0.3610*** (0.0599)	0.3086*** (0.0632)	0.2870*** (0.0624)
ln（65 歳以上人口割合）	0.4272*** (0.0456)	0.4602*** (0.0458)	0.4825*** (0.0478)	0.4736*** (0.0477)
ln（昼夜間人口比率）	0.7660*** (0.0549)	0.7109*** (0.0546)	0.8165*** (0.0582)	0.8598*** (0.0541)
政令市ダミー	0.3178*** (0.0369)	0.2151*** (0.0310)		
中核市ダミー	0.0741*** (0.0246)	0.0130 (0.0216)		
町村ダミー	-0.1427*** (0.0185)	-0.1030*** (0.0169)		
定数	7.7212*** (0.1920)	7.2878*** (0.1735)	7.2526*** (0.1897)	7.1641*** (1.1815)
補正済み決定係数	0.7597	0.7524	0.7482	0.7258
観測値数	782	782	782	782

（注）*** は 1 ％, ** は 5 ％有意，括弧書きは標準誤差である.

それ以外の説明変数は，Model 2 の中核市ダミーと Model 3 の人口（5 ％水準で有意）を除いて，すべて 1 ％水準で有意となっている．人口や政令指定都市ダミー等の人口規模に関する説明変数がまったく含まれていない Model 4 でも，「基準化された標準距離」およびその 2 乗の項を含めてすべての説明変数が 1 ％水準で有意となっているが，その補正済み決定係数は人口規模に関する説明変数が含まれるモデルの方が高い．さらに，「基準化された標準距離」およびその 2 乗の項と人口の相関係数も多重共線性が疑われるほどは高くない．そこで，3.2 節以降は Model 1 のみについて分析を行う．

　平成の大合併により誕生した市町村では，その優遇措置等で一人当たり歳出総額が，合併を経験していない同規模の市町村よりも大きくなっている可能性がある．一方で，市町村合併は複数の中心を持った市町村を生む可能性があり，「基準化された標準距離」が大きくなるかもしれない [9]．つまり，上記の結果

(9) 脚注 8 を参照.

表5　分析結果（一人当たり歳出総額：合併市町村を除く）

	Model 1	Model 2	Model 3	Model 4
ln（基準化された標準距離）	0.0637***	0.0882***	0.0769***	0.0568***
	(0.0177)	(0.0167)	(0.0188)	(0.0168)
(ln（基準化された標準距離))^2	0.1650***	0.1612***	0.1719***	0.1750***
	(0.0231)	(0.0234)	(0.0245)	(0.0246)
ln（人口）	-0.0467***		0.0215**	
	(0.0128)		(0.0091)	
ln（15歳未満人口割合）	0.3099***	0.3494***	0.2964***	0.2574***
	(0.0761)	(0.0764)	(0.0813)	(0.0800)
ln（65歳以上人口割合）	0.3370***	0.3737***	0.3990***	0.3865***
	(0.0592)	(0.0592)	(0.0614)	(0.0615)
ln（昼夜間人口比率）	0.8319***	0.8050***	0.9131***	0.9690***
	(0.0666)	(0.0672)	(0.0704)	(0.0666)
政令市ダミー	0.3119***	0.2045***		
	(0.0460)	(0.0360)		
中核市ダミー	0.0688**	0.0057		
	(0.0347)	(0.0306)		
町村ダミー	-0.1289***	-0.0922***		
	(0.0209)	(0.0186)		
定数	7.5238***	7.1255***	6.8101***	6.9606***
	(0.2446)	(0.2223)	(0.2409)	(0.2335)
補正済み決定係数	0.5862	0.5739	0.5241	0.5190
観測値数	427	427	427	427

（注）*** は1％，** は5％有意，括弧書きは標準誤差である．

は市町村合併の影響を検出しただけかもしれない．そこで，平成11年度から21年度までに市町村合併を一度でも経験したことのある市町村を除いて，同様の分析を行った．その結果が表5である．Model 1〜4のすべてで，「基準化された標準距離」およびその2乗の項は両方とも1％水準で有意に正となっており，表4と同様の結果となった．ただし，Model 1の中核市ダミーが1％でなく5％水準で有意という結果となった．これは市町村合併の影響を除いても，「基準化された標準距離」に関して一人当たり歳出総額はU字型となっており，一人当たり歳出総額が最小となる「基準化された標準距離」が存在することを示している．

3.2　目的別歳出

次に，一人当たり目的別歳出に関する分析結果を示したのが，表6である．衛生費と土木費，消防費，教育費のすべてにおいて「基準化された標準距

表6　分析結果（一人当たり目的別歳出）

	衛生費	土木費	消防費	教育費
ln（基準化された標準距離）	0.0918***	0.1246***	0.2218***	0.1393***
	(0.0281)	(0.0352)	(0.0204)	(0.0278)
(ln（基準化された標準距離))^2	0.1361***	0.1062***	0.0992***	0.1221***
	(0.0216)	(0.0271)	(0.0157)	(0.0214)
ln（人口）	-0.0389*	0.0325	-0.0569***	-0.1068
	(0.0205)	(0.0257)	(0.0148)	(0.0203)
ln（15歳未満人口割合）	0.1392	0.3364**	-0.6821***	0.2282***
	(0.1269)	(0.1591)	(0.0920)	(0.1257)
ln（65歳以上人口割合）	0.3612***	0.0433	-0.1694**	-0.0907***
	(0.0976)	(0.1224)	(0.0708)	(0.0967)
ln（昼夜間人口比率）	0.5548***	1.4041***	0.0518	0.5970***
	(0.1174)	(0.1472)	(0.0851)	(0.1163)
政令市ダミー	0.1919**	0.4059***	0.0968*	0.2056
	(0.0789)	(0.0989)	(0.0572)	(0.0781)
中核市ダミー	0.0440	0.0525	-0.0249	0.0792
	(0.0525)	(0.0658)	(0.0381)	(0.0520)
町村ダミー	-0.0756*	-0.0106	0.0143	-0.1162
	(0.0395)	(0.0496)	(0.0286)	(0.0391)
定数	4.6796***	4.0925***	1.5696***	5.2655***
	(0.4105)	(0.5148)	(0.2976)	(0.4067)
補正済み決定係数	0.3632	0.2702	0.5618	0.3266
観測値数	782	782	782	782

(注) *** は1％，** は5％，* は10％有意，括弧書きは標準誤差である．

離」およびその2乗の項は，1％水準で有意となっており，係数の符号も正である．このことから，これらの目的別歳出についても，歳出総額と同様にコンパクト化の度合いが一人当たり費用に影響を与えていることが示された．

衛生費と土木費，消防費，教育費などの費用は，市の中心部で供給されるサービスではなく，居住地において供給されるサービスである．居住エリアが広がっていれば，そのサービス費用も大きくなる．この結果は，衛生費と土木費，消防費，教育費において，人口が集中して分布している，または，分布している面積が小さいほど，サービスの供給エリアが小さくなり，コストが抑えられるという関係を示していると解釈できよう．さらに，2乗の項も正で有意であることから，コンパクト化が進むにつれてその効果は逓減し，適度なコンパクト化の度合いが存在することも明らかとなった．

また，歳出総額の分析と異なり，費目によって「基準化された標準距離」以外の説明変数で有意とならなかった変数がある．特に，中核市ダミーについて

表7 分析結果（一人当たり細目支出）

	道路 橋りょう費 (1)	道路 橋りょう費 (2)	小学校・ 中学校費
ln（基準化された標準距離）	0.6915***	0.7111***	0.1039**
	(0.0474)	(0.0425)	(0.0477)
(ln（基準化された標準距離）)^2	0.0339		0.1598***
	(0.0365)		(0.0367)
ln（人口）	-0.0162	-0.0148	-0.1148***
	(0.0346)	(0.0345)	(0.0347)
ln（15歳未満人口割合）	-0.0761	-0.1066	0.8040***
	(0.2144)	(0.2118)	(0.2154)
ln（65歳以上人口割合）	-0.2468	-0.2462	0.2873*
	(0.1649)	(0.1649)	(0.1657)
ln（昼夜間人口比率）	0.7488***	0.7307***	0.5075**
	(0.1984)	(0.1974)	(0.1993)
政令市ダミー	0.8579***	0.8634***	0.1889
	(0.1333)	(0.1332)	(0.1339)
中核市ダミー	0.1321	0.1281	0.0095
	(0.0887)	(0.0886)	(0.0891)
町村ダミー	0.0267	0.0225	-0.1747***
	(0.0668)	(0.0666)	(0.0671)
定数	1.9078***	1.8421***	1.5696***
	(0.6937)	(0.6900)	(0.6970)
補正済み決定係数	0.4805	0.4806	0.1880
観測値数	782	782	782

（注）*** は1%，** は5%，* は10%有意，括弧書きは標準誤差である．

は，すべての目的別歳出で10%水準でさえも有意とならなかった．町村ダミーについても，衛生費が10%水準で有意となっただけで，他の費目では有意とならなかった．

3.3 細目支出

前節の目的別歳出の中には管理費や総務費といったコンパクト化の影響を受けないと考えられるものも含まれている．そこで，よりコンパクト化と関係が深いと考えられる細目について追加の分析を行った．表7が，土木費の中に含まれる道路橋りょう費と教育費の中に含まれる小学校費と中学校費の合計額（以下では小学校・中学校費と呼ぶ）に関する分析結果である．まず，道路橋りょう費については，「基準化された標準距離」は1%水準で有意となった（道路橋りょう費(1)）が，2乗の項は有意とならなかった．そこで，2乗の項を除

図3 NSDのヒストグラム

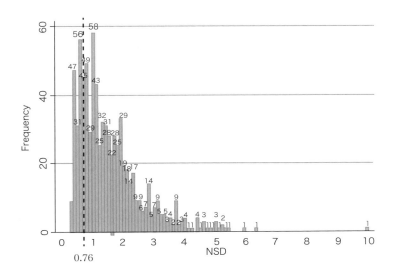

いたモデル（道路橋りょう費（2））でも分析を行ったが，ほぼ同様の結果となった．両モデルとも「基準化された標準距離」の係数は正で，「基準化された標準距離」が大きくなるほど一人当たり道路橋りょう費は増加することが示された．

次に，小学校・中学校費は，「基準化された標準距離」は5％水準で有意，2乗の項は1％水準で有意となり係数も正である．この結果から，イントロでも述べたように，居住エリアごとや面的に必要となるサービスにおいても，コンパクト化が一人当たり歳出に影響を与えることがわかる．

3.4 最小効率規模

本稿の推定結果（表4のModel 1）によれば，一人当たり歳出総額が最小となる「基準化された標準距離」は0.76と計算される．図3は「基準化された標準距離」のヒストグラムである．これからもわかるように，約4分の3の市町村で「基準化された標準距離」が0.76よりも大きく，現状よりもコンパクトになることで一人当たり歳出総額の低下が可能であることが示唆される．

同様に，一人当たり目的別歳出が最小となる「基準化された標準距離」につ

いては，（表6の衛生費より）衛生費が0.71，（表6の土木費より）土木費が0.61，（表6の消防費より）消防費が0.33，（表6の教育費より）教育費が0.57となった．細目については，（表7の小学校・中学校費より）小学校・中学校費が0.72となった．なお，道路橋りょう費は「基準化された標準距離」の2乗の項が有意でなく，U字型とは言えないため算出していない．

衛生費，土木費，消防費，教育費および小学校・中学校費は，最小となる「基準化された標準距離」が一人当たり歳出総額のそれよりも小さくなっている．このことから，これらの費目は，「基準化された標準距離」が小さいほど一人当たり歳出額が減少する領域が広い，すなわち，コンパクト化の効果がより広範囲な市町村で発揮される費目と言える．

4. まとめ

本稿では，沓澤・赤井・竹本（2017）で定義された「基準化された標準距離」を都市のコンパクト化の度合いを示す指標として用いて，コンパクト化の程度が基礎自治体の一人当たり歳出に与える影響を分析した．
「基準化された標準距離」は，基礎自治体を約1km四方のメッシュに分け，その人口分布の中心から各メッシュまでの距離を各メッシュの人口で加重平均することで算出した「標準距離」を，人口規模を考慮するように修正した指標である．この値が小さいということは，それだけ多くの人が中心部に居住していることを示し，都市がコンパクトであることを示している．

分析の結果，「基準化された標準距離」に関して一人当たり歳出総額はU字型となっており，一人当たり歳出総額が最小となる「基準化された標準距離」が存在することが示された．つまり，コンパクト化が進むにつれてその効果は逓減し，適度なコンパクト化の度合いが存在することが明らかとなった．そして，一人当たり歳出総額が最小となる「基準化された標準距離」よりもコンパクトでない市町村が全体の4分の3もあり，それらの市町村では現状よりもコンパクトになることで歳出総額が低下することが示唆される．

ただし，この結果は市町村合併によって「基準化された標準距離」と一人当たり歳出の両方が増加したという影響を検出しただけかもしれない．そこで，

平成の合併を経験した市町村を分析対象から除いた上で歳出総額について同様の分析を行った．その結果，上記と同様の推計結果が得られ，「基準化された標準距離」に関して一人当たり歳出総額はU字型となることが示された．

さらに，目的別歳出のうちの衛生費，土木費，消防費，教育費および小学校・中学校費について同様の分析をしたところ，それぞれの一人当たり歳出が最小となる「基準化された標準距離」が歳出総額よりも小さいことがわかった．つまり，これらのサービスの方がコンパクト化の効果がより広範囲の市町村で発揮されると言える．

今後の人口減少を考慮すると，基礎自治体の公共サービスの一人当たり費用は増加する可能性が高い．人口による規模の経済性を考慮すると，市町村合併による各基礎自治体の人口を増加させることは，公共サービスの一人当たり費用を低下させることに効果的であると思われる．しかしながら，本稿の結果から，3万人以上の市町村では人口規模よりも「基準化された標準距離」の方が一人当たり歳出をより説明する可能性が示された．すなわち，人口規模が拡大したとしても都市がコンパクトでないと一人当たり費用の低下にも限界があると言える．そのため，市町村合併による人口増を財政改善に結び付けるためには，都市構造の再構築による都市のコンパクト化の視点も必要であると言えよう．

また，目的別歳出（衛生費と土木費，消防費，教育費）および細目の分析からは，居住エリアごとや面的に必要となるサービスにおいて，都市のコンパクト化が有意な影響を与えていることが明らかとなった．今後，人口減少時代において，居住エリアがそのままであれば，このようなサービスの一人当たり費用は増加していくと思われる．そうならないためにも，サービスのコストを人口減少とともに縮小させていく方向で，居住エリア誘導政策の戦略作りが求められる．

最後に本稿が採用した「基準化された標準距離」の限界について言及したい．この指標は，都市の中心部は1つであると仮定して算出している．そのため，2つ以上の中心部が存在する市町村と中心がなく分散している市町村とを比較した場合には，前者の方が（本稿の定義とは異なる何らかの基準で）コンパクトであると言えるかもしれないが，この指標では識別できない可能性がある．これは，中心が1つの市町村と2つ以上の市町村を比較する場合と異なり [10]，この指標

---

(10) 脚注8を参照．

の限界と言える．ただし，この点にも対応するようにコンパクトの定義を修正するのは簡単ではない．今後の課題としたい．

参考文献

Alonso, W. (1964) *Location and Land Use: Toward a General Theory of Land Rent.* Harvard University Press.

Nakamura, K. and M. Tahira (2008) "Distribution of population density and the cost of local public services." *Working Paper No.231 Faculty of Economics, University of Toyama.*

OECD (2012) *Compact Cities Policies: A Comparative Assessment.* OECD Publishing.

Terzi, F. and H. S. Kaya (2008) "Analyzing urban sprawl patterns through fractal geometry: the case of Istanbul metropolitan area" *UCL Working Papers 144.*

赤井伸郎・竹本亨 (2015)「道路インフラの将来更新費と自治体別の財政負担―都道府県管理の道路を対象とした推計―」『フィナンシャル・レビュー』第124号, pp.113-140.

川崎一泰 (2009)「コンパクト・シティの効率性」『財政研究』第5巻, pp.236-253.

杳澤隆司 (2016)「コンパクトシティが都市財政に与える影響―標準距離による検証―」, 『都市住宅学』第95号, pp.142-150.

杳澤隆司 (2018)「コンパクトシティ化と都市財政・都市政策」浅見泰司・中川雅之編『コンパクトシティを考える』プログレス.

杳澤隆司・赤井伸郎・竹本亨 (2017)「都市のコンパクト化に対する土地の利用規制の影響」日本計画行政学会第40回全国大会報告論文 (『計画行政』に掲載予定).

関口駿輔 (2012)「歳出と歳入を同時に考慮した最適コンパクト度の推定」『計画行政』第35巻第3号, pp.28-36.

中井英雄 (1988)『現代財政負担の数量分析―国・地方を通じた財政負担問題―』有斐閣.

中村匡克 (2014)「市町村における行政サービスごとの効率的な規模―市町村の規模と権限の範囲についての再検討―」『高崎経済大学論集』第57巻第1号, pp.67-76.

林正義 (2002)「地方自治体の最小効率規模―地方公共サービスの供給における規模の経済と混雑関数―」『フィナンシャル・レビュー』第61号, pp.59-89.

原田博夫・川崎一泰 (2000)「地方自治体の歳出構造分析」『日本経済政策学会年報』第48号, pp.191-199.

三浦英俊 (2015)「緯度経度を用いた3つの距離計算方法」『オペレーション・リサーチ』第60巻第12号, pp.701-705.

地理情報システムを用いた公共施設分析
―大阪府内の公立図書館を材料として―

吉 弘 憲 介

(桃山学院大学経済学部)

要　旨

　本稿の目的は，大阪府内の自治体立図書館サービスを題材に，公共施設の便益スピルオーバー(イン)を量的かつ直接的に推計することである．公共施設の便益スピルオーバー（イン）に関する研究は，①自治体の公的資本形成の水準が他の自治体の公共事業費支出に与える影響を計量的に分析しスピルオーバーの在否を実証するもの，②生産関数を用いて，自治体間のスピルオーバーの量的関係を実証するもの，③地価に対する影響によってスピルオーバーの効果を間接的に推計するヘドニック・アプローチを用いるものがあった．しかし，便益の及ぶ地理的な範囲を直接的・具体的に把握できないことに加え，生産に直接関連のない施設を扱えないなどの限界を有していた．

　本稿では，地理情報システム（GIS）を用いて得られた情報を下に，生活関連施設である図書館サービスのスピルオーバー（イン）を，GIS による面積按分法によって量的・具体的に明らかにした．また，公立図書館の利用実態を推計値と比較することで推計手法の蓋然性を確認した．

キーワード　公共施設，図書館，GIS

1.　本稿の目的

　本稿の目的は [1]，地理情報システム （Geographical Information System, 以下，

---

(1)　地方財政論における空間情報への関心は，宮本（1980）に代表される都市財政論の分野で，生活圏を考慮した社会的共同消費の不足問題などこれまでも存在してきた．近年でも，島・国崎・菅原（2008）や別所・宮本（2012），赤井・倉本（2014）らが空間計量経済学の方法論を応用した実証研究を行っており，同分野への関心は依然，根強くある．しかし，いずれの方法論も，行政区域という形而上的な単位に分割されたデータを元に分析するという点で限界を抱えていた．一方，他分野においては，行政区域にとらわれず，具体的な地点情報を用いる研究方法として，GIS を実証研究に導入する事例が増えている（古谷　2011　p.3）．本稿は，地方財政論の実証分析に GIS を導入し，分析手法の豊富化・精緻化を図っていく．

GIS）に基づく公共施設の空間配置情報を用いて，公共施設の便益スピルオーバー（イン）を，自治体内の個別施設ごとに量的に推計することである．

地方財政論分野における，日本の公共施設・インフラ等の便益スピルオーバーに関する先行研究は，大きく3つの研究手法に分類できる．

1）一方の公的資本の形成が，他の自治体の公的資本の形成を抑制する点を，公的資本形成蓄積水準と公共事業費から分析し，スピルオーバーの有無を確認した研究[2]．

2）複数地域間の公的な生産資本のスピルオーバーを，生産関数を用いて個別具体的な地域間で量的に捉える研究[3]．

3）公的資本形成が生む地価上昇貢献をヘドニック・アプローチによって分析し，スピルオーバーの地理的，量的影響を推計した研究[4]．

この内，2）と3）については，スピルオーバーの量及び地理的な影響を考慮しており，本稿の関心と共通した側面を持つ．しかし，以下の点で既存の実証研究手法には一定の限界が存在する．

1）は，公的資本形成について，自治体による意思決定が他のエリアと相互参照性があることは明らかにしているものの，実際にどの投資（個別の施設・種類）が，どの程度の影響を与えているのかについては明らかにされていない．

2）の方法論は生産関数を用いているので，分析対象が道路及び産業関連資本（港湾，空港，廃棄物処理，工業用水）に限定される．つまり，生活関連資本を分析できない．自治体の公的資本蓄積の半分以上は生活関連施設（根本2017）であるため，この分析方法の課題は小さくない．

3）については，施設建設の便益に伴う周辺地価の上昇は，公的投資の間接的な便益であり，施設利用に伴う空間的な直接便益を十分明らかにしていない．

本稿の方法論の中核をなすGISによる自治体内の個別施設の便益スピルオーバー（イン）の実証研究は，上記の限界について次の具体的貢献が期待できる．

1）個別施設ごとに，便益が及ぶ人口規模を推計できる．

2）生産関数に直接的に影響しない生活関連資本に対して，便益スピルオー

---

(2)　山下（2002），斎藤（2013）．

(3)　畑農（2016）．

(4)　林（2014）．

バー（イン）の量的な推計が可能である．

3）地価等代替的指標でなく，空間的範囲・住民数を把握することで直接的に施設便益を推計できる．

そこで，本稿では，公共施設の便益スピルオーバー（イン）を，施設立地の地理的特性や，バッファ分析による影響領域の人口推計を通じて明らかにする．本稿では，公共施設のうち，図書館を用いてその分析を試みたい．図書館に焦点を絞る理由は，次の6点である[5]．

1）基本的に無償で利用可能であり，排除性が低い．

2）市区町村図書館は，サービスの質的面では自治体間で大きな差異がないと想定される．

3）このため，図書館サービスの利用者は，もっとも近接性・アクセスビリティの高い図書館を利用することが想定される[6]．

4）1970年代に，日本図書館協会がまとめた『市民の図書館』（1976）では，全ての住民のアクセスビリティを確保した図書館配置計画，いわゆる「全域サービス」のあり方が打ち出されている．

5）一方で，個別自治体の財政要因から，これらの図書館整備方針は，自治体間で格差が存在し（森 2011），空間的に疎と密が生じている．空間分析を用いることでその実態が明らかになることが期待される．

6）生産に直接影響を及ぼすものでなく，生活関連施設に関してスピルオーバーの存在と量を実証する課題として適切と言える．

本稿の構成は，次のとおりである．

最初に大阪府内の市町村立図書館の空間的配置と，施設を中心とし500,

(5) 本稿の問題意識は，その他の公共施設に関しても利用可能と考えられる．公共施設の統廃合が政策課題としてクローズアップされる中，施設の空間的凝集性や隣接行政区域との距離，アクセス性は議論の重要な材料となろう．本稿では，紙幅の関係上，この全てを扱うことはできない．施設の利用種類や具体的な越境利用の性質を含めたより包括的な研究は今後の課題としたい．

(6) なお，今回はあくまでも図書館施設へのアクセスに基づいて分析を行うため，各施設の規模及び，相互貸与サービスについての検討は行わない．その理由は，『市民の図書館』で述べられる通り，図書館への徒歩による日常的アクセス性が市民の公平な権利とされている点を重視したためである．加えて，相互貸与サービスも，住民はいずれかの利用可能図書館（利用証明書等を取得できる）へのアクセスが求められる．そのため，まず近接の図書館への徒歩アクセス性が確保されることは，図書館サービスの充実度と大きく関係していると考えられるためである．

800，1000，1500m の4種類の半径距離の円バッファ（詳細は後述する）を作り，それぞれについて町丁目別データをクリップし，半径円にかかるそれぞれの町丁目の面積を求める．

続いて，推計された円バッファの面積と実面積との商を求め，それぞれの町丁目別領域内人口数にこれを乗じて，影響域人口数を試算した[7]．これにより求められた図書館の半径円に含まれる人口数の試算，及び距離別の特徴，地図情報から得られた知見をまとめる．

続いて，南河内地域に属する羽曳野市と藤井寺市両市の図書館サービスのスピルオーバー（イン）について，空間情報に基づいた試算結果を示し，これと実態データとの比較を試みる．最初に，GRASS を用いて幹線道路からの距離別分解を行い，円バッファ分析の蓋然性を確認した．続いて，500m から1500m まで11段階で設定した円バッファ分析を通じて図書館利用のスピルオーバーの空間的推計を行った．また，南河内地域において行われている図書館の相互利用サービスを用いて，先程の空間的なサービスのスピルオーバーやスピルインの量的把握の妥当性について検討した．

最後に，本稿で得られた知見をまとめることとする．

2．大阪府内の公立図書館に対するアクセス性分析

はじめに，本稿で用いたデータ及び，分析環境について解説する．

図書館の位置データは，大阪府中央図書館の大阪府域市町村図書館名簿サイトに記載される各種図書館及び他施設付設図書室の住所データを，東京大学空間情報科学研究センターが提供するシンプルジオコーディング機能で緯度経度情報に変換し，シェープファイル[8]に加工したものを用いている．このため，2018年9月20日時点の最新状況の施設配置が反映されている．施設数

---

(7)　同手法は，面積按分法として，その他の研究でも用いられている．詳しくは，橋本編（2015，pp.119-125），栗原・大橋（2017 p.79f）などを参照されたい．

(8)　Arc GIS 等 GIS ソフトェアを開発販売する ESRI 社により開発された地理情報記録用のファイル形式である．詳しくは esri ジャパン HP（https://www.esrij.com/getting-started/learn-more/shapefile/）などを参照．

は 157 施設となる⁽⁹⁾. 分析に用いたソフトウェアは，フリーの GIS ソフトである QGIS と GRASS である⁽¹⁰⁾.

　図1は大阪府内市町村設置の公立図書館の地点データと，その位置を中心とした半径 500m ～ 1.5km 円を表示したものである．この円を「バッファ」として新たにシェープファイルを登録し，町丁目データにクリップして，バッファ範囲面積を町丁目毎に計算した⁽¹¹⁾. 続いて，実面積に対するバッファ領域面積の割合を計算し，町丁目の実人口データに掛け合わせて徒歩圏人口数を試算した．人口推計は，500m，800m，1km，1.5km の4段階に応じて計算したものを載せた．

　一般的に，不動産業界では，成人の歩く速さを1分間 80m とし，10分を近接徒歩圏として算出することが多い⁽¹²⁾. ここでは，これを参考に児童や高齢者を 500m，成人男性を 1km とし，さらに遠い 1.5km を徒歩の代替的手段(例えば自転車など）を利用したものとして推定する⁽¹³⁾. また，行政区毎に 2015 年国勢調査時点の人口で，徒歩圏人口数の割合を除した数値を「図書館人口カバー率」として推計した⁽¹⁴⁾.

　それぞれの情報から得られた知見をまとめておく．

---

(9)　枚方市香里ヶ丘図書館は建て替えのため閉館中，施設データに含めていない．

(10)　各ソフトに関する詳細は，QGIS については，今木・岡安（2015）及び橋本編（2015）を参照，GRASS については，GIS 実習オープン教材サイト（https://gis-oer.github.io/gitbook/book/）を参照されたい．

(11)　GIS における「バッファ」とは個別の地物を対象に発生させた一定領域を指す．ここでは，最も単純な円バッファを用いた分析を行っているが，道路や海岸線など線形物からの一定距離の線バッファなど複数の分析ツールが存在する．

(12)　不動産公正競取引協議会連合会（2016）p.23 を参照．

(13)　なお，半径円の利用と実際のアクセスビリティは物理的な断絶，例えば川や山，幹線道路へのアクセス性により異なると考えられる．ただ，後述する羽曳野市の事例を見ると，この道路アクセスビリティと半径園の距離は，ほぼ妥当する．すなわち，道路距離を用いたアクセス性と円バッファによる推計は，ほとんど重なっており，それ以外の物理的遮断の状況は当面無視できる程度には小さいと考えられる．加えて，大阪府は周辺山間地以外，海抜が低くほとんど起伏のない地理的特徴を持っているので，山間地による断絶性も低いことが期待できる．詳しくは，地理院地図（http://maps.gsi.go.jp）の色別標高図等を参考．

(14)　ソフトウェア上の特性から再計算された面積が実面積をわずかに上回る場合があり，その場合は割合を1に再集計した数値を用いている．

図1　大阪府内市町村設置公立図書館の配置（2018年9月20日時点）と
500,800,1000,1500m 円バッファ

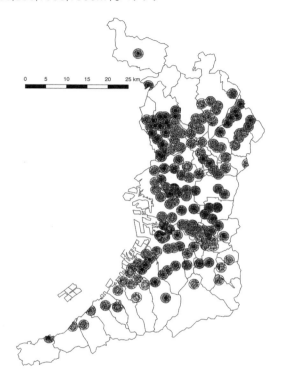

(資料) 大阪府立中央図書館ホームページ，国土交通省国土政策局国土情報課 GIS ホームページ，政府統計ホームページ地図で見る統計ホームページより作成．

まず，500m 半径では，北摂地域の箕面市，池田市，豊中市，吹田市と，南河内地域の松原市，羽曳野市，大阪狭山市，泉州地域の海岸沿いである高石市，和泉市北部，忠岡町の一部図書館が隣接自治体に便益スピルオーバーが生じている．半径800m では，大阪市，堺市の西側の一部，北摂では上記に加え摂津市，茨木市，また，河内地域では北河内の大東市，交野市，中河内の東大阪市で便益スピルオーバーが生じている．

半径 1km では，上記全てが領域を拡大させる他，田尻町，熊取町の一部で隣接地域へのスピルオーバーが生じる．半径 1.5km ではほぼすべての自治体

でスピルオーバーが生じているが，富田林市，河内長野市，泉南市，寝屋川市，能勢町，貝塚市の6自治体では自分の自治体が所有する図書館から半径1.5km圏内にはいずれの自治体も存在しない状態となる．この内，河内長野市と豊能町は他の自治体からのスピルインもない．残りの4市は，スピルオーバーが存在せず，一方的に受益を受ける状態が推察される．

　以上の地図情報から，まず，北摂地域と南河内地域は，図書館サービスについて隣接自治体から密接な影響を受けていることが予測される(15)．こうした影響は，徒歩圏人口数にももたらされているので，表1でこれを確認していく．

　表1は，円バッファに居住する人口数の推計と，それぞれの総人口との比率（2015年国勢調査人口）をとった人口カバー率と府内でのその順位を載せている．500mバッファの図書館アクセス圏にカバーされる人口は大阪府全体の9.6％に過ぎない．府民の90％近くは，500m近辺に図書館のない状態で生活している．これが800mとなると23.7％，ほぼ4人に1人が徒歩圏に図書館がある生活といえる．1000mの段階では依然，35.1％と半分に届かないが，1500mの段階では62.8％まで人口カバー率が上昇する．

　ただし，自治体によって，カバー率は大きく異なる．カバー率の低いグループとなる能勢町や河内長野市は1.5kmまで半径を拡大しても，カバー率は2割に満たない．スピルオーバーが短い半径距離でも発生している北摂地域や南河内地域は，いずれの距離においても人口カバー率が大阪府下10位以内に入っており，その施設整備の潤沢さが透けて見える．

　以上のように，施設整備の状況や施設の空間配置により，図書館徒歩圏への居住者の割合は大阪府下43市町村内でも大きな格差が存在していることが明らかとなった(16)．

---

(15)　南河内地域の行政区域を超えた相互利用については，後述する広域利用協定が存在する．また，北摂地域も茨木市，豊中市，池田市，吹田市，高槻市，箕面市，摂津市，島本町，豊能町，能勢町間でそれぞれの自治体で広域利用が可能となっており別自治体の居住者が利用証を取得することができる．

(16)　以上のような格差の存在は，公共施設が頻繁に横並び的に整備されるとするいわゆる「フルセット主義」と異なった結論を提示している．同問題については，吉弘（2017）で図書館以外の施設を含めて論じている．

表 1 図書館人口カバー率半径円ごとの数値

自治体名	施設半径円にかかる人口数				図書館距離別人口カバー率				人口カバー率府内順位			
	500m	800m	1000m	1500m	500m	800m	1000m	1500m	500m	800m	1000m	1500m
大阪市	220577	553693	845098	1675053	8.2%	20.6%	31.4%	62.2%	24	27	27	25
堺市	69528	176889	266120	521247	8.3%	21.1%	31.7%	62.1%	22	26	26	26
岸和田市	17800	50220	78103	147556	9.1%	25.8%	40.1%	75.7%	20	18	18	16
豊中市	65616	154059	219543	346980	16.6%	39.1%	55.7%	88.0%	9	9	9	7
池田市	12323	32530	50246	75483	12.0%	31.6%	48.8%	73.3%	16	12	12	18
吹田市	64250	149916	219209	334539	17.2%	40.0%	58.5%	89.3%	7	8	7	6
泉大津市	6049	17949	29811	57777	8.0%	23.7%	39.3%	76.1%	26	20	19	15
高槻市	30891	77235	121054	228653	8.8%	22.0%	34.4%	65.0%	21	24	23	22
貝塚市	2421	7457	11820	28505	2.7%	8.4%	13.3%	32.1%	36	35	35	33
守口市	5321	14261	20340	42899	3.7%	10.0%	14.2%	30.0%	35	34	34	36
枚方市	38287	98925	147025	255749	9.5%	24.5%	36.4%	63.3%	19	19	22	24
茨木市	34598	84563	119010	184566	12.3%	30.2%	42.5%	65.9%	15	14	16	21
八尾市	25464	60966	91549	174188	9.5%	22.7%	34.1%	64.9%	18	21	25	23
泉佐野市	1523	4892	9362	29581	1.5%	4.8%	9.3%	29.3%	41	40	39	37
富田林市	8817	20808	30838	59910	7.7%	18.2%	27.0%	52.5%	27	29	28	28
寝屋川市	19318	45014	62549	113648	8.1%	18.9%	26.3%	47.8%	25	28	29	30
河内長野市	2568	6181	9482	20292	2.4%	5.8%	8.9%	18.9%	38	39	40	41
松原市	28746	62172	81536	109145	23.8%	51.5%	67.6%	90.4%	1	1	3	4
大東市	16335	35561	52349	94247	13.3%	28.9%	42.6%	76.6%	13	16	15	14
和泉市	15280	41324	63648	111487	8.2%	22.2%	34.2%	59.9%	23	22	24	27
箕面市	29901	66402	88296	123194	22.4%	49.8%	66.2%	92.3%	2	2	4	3
柏原市	10762	25031	35596	55048	15.1%	35.1%	49.9%	77.5%	11	11	11	12
羽曳野市	22187	53404	76183	107033	19.7%	47.4%	67.6%	95.0%	4	4	2	2
門真市	8682	27240	46769	83775	7.1%	22.2%	38.1%	68.2%	28	23	20	19
摂津市	10571	24848	34829	64021	12.4%	29.2%	40.9%	75.3%	14	15	17	17

高石市	9457	24493	34487	47389	16.7%	43.4%	61.1%	83.9%	8	7	6	9
藤井寺市	11761	29356	40763	58889	18.0%	44.8%	62.3%	90.0%	6	5	5	5
東大阪市	22315	50524	71765	135527	4.4%	10.1%	14.3%	27.0%	33	33	33	38
泉南市	1649	4768	8247	19286	2.6%	7.6%	13.2%	30.9%	37	36	36	34
四條畷市	5451	15905	25809	45894	9.7%	28.4%	46.0%	81.8%	17	17	13	10
交野市	16378	33898	44312	61779	21.4%	44.3%	58.0%	80.8%	3	6	8	11
大阪狭山市	2376	4318	6368	19894	4.1%	7.5%	11.0%	34.4%	34	37	38	31
阪南市	2581	5995	8534	16571	4.8%	11.1%	15.8%	30.6%	32	32	32	35
島本町	1549	6366	10932	22980	5.2%	21.2%	36.5%	76.6%	31	25	21	13
豊能町	2707	6241	8836	13447	13.6%	31.3%	44.3%	67.4%	12	13	14	20
能勢町	151	375	673	1220	1.5%	3.7%	6.6%	11.9%	42	43	42	43
忠岡町	2738	6734	9409	14728	15.8%	38.9%	54.4%	85.1%	10	10	10	8
熊取町	2815	7211	10702	23171	6.3%	16.2%	24.1%	52.1%	29	30	30	29
田尻町	1634	4168	6010	8263	19.4%	49.5%	71.4%	98.1%	5	3	1	1
岬町	840	2065	2918	5481	5.3%	12.9%	18.3%	34.4%	30	31	31	32
太子町	250	625	963	2211	1.8%	4.5%	7.0%	16.1%	40	41	41	42
河南町	344	673	987	3977	2.1%	4.2%	6.1%	24.6%	39	42	43	39
千早赤阪町	60	365	630	1234	1.1%	6.8%	11.7%	22.9%	43	38	37	40
合計	852871	2095620	3102710	5546517	9.6%	23.7%	35.1%	62.8%				

（資料）大阪府立中央図書館ホームページ，国土交通省国土政策局国土情報課 GIS ホームページ，政府統計ホームページ地図で見る統計ホームページより作成．

第2部　研究論文

表2　羽曳野市と藤井寺市の基本データ
（2016年度）比較

	羽曳野市	藤井寺市
人口	112,683	65,438
面積	26.45	8.89
標準財政規模	23,235,317	13,580,380
基準財政規模	18,893462	10,901,642
基準財政収入額	10,919,484	8,661,139
財政力指数	0.56	0.62
図書館予算	172,569	71,969
蔵書数	543,402	156,222

（注）人口は2010年国勢調査データ，面積は㎢，標準財政規模，基準財政需要額，
　　基準財政収入額，図書館予算の単位は千円．標準財政規模，基準財政需要額，
　　基準財政収入額の3つは2016年度，図書館予算は2014年から16年度の3
　　カ年平均値．蔵書数は2016年度末の数値となる．
（資料）総務省ホームページ「決算カード」及び羽曳野市，藤井寺市提供資料より作成．

　それでは，こうした図書館の集中地域において自治体をまたいだサービスの
スピルオーバーとスピルインは，具体的にはどのように生じ，さらに，推計さ
れた数値は実際の図書館サービスにどの程度近いものなのかについて，主に南
河内地域の羽曳野市と藤井寺市の実態をもとに明らかにしていこう．

3.　南河内地域における図書館サービスのスピルオーバーの規模推計

　ここで，羽曳野市と藤井寺市の基礎的なデータを比較した表2で両者の規
模を把握しておく．図書館の施設数，冊数，人口及び面積いずれについても羽
曳野市は藤井寺市よりも2，3倍の規模を有している．また，空間的配置を確
認すると，藤井寺市の2つの図書館のうち，中央図書館は1.5kmの範囲でも
市外の町丁目は含まれない．その南に位置する生涯学習センターについては，
500m半径から，ごく僅か羽曳野市の町丁目にかかっている（図1参照）．
　一方，羽曳野市の図書館は，中央図書館と陵南の森図書館の2つが半径500
mの時点で6分の1から半分近くが藤井寺市の町丁目にかかっている．この
ように，空間的に確認されるスピルオーバーとインの関係を考察すると，羽曳
野市からのサービスの漏出は藤井寺市から受けるスピルインよりも大きいこと
が推察される．

図2 羽曳野市立図書館のバッファ及び各図書館からの幹線道路距離別図

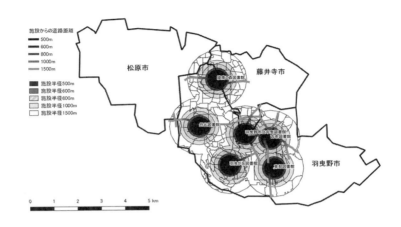

(資料)図1に同じ.

表3 羽曳野市立図書館の半径距離別円バッファの人口比率

施設からの円半径距離	地図情報からの推計値			推計値と実貸出数との乖離%ポイント		
	羽曳野市内	藤井寺市内	その他	羽曳野市内	藤井寺市内	その他
500m	89.0%	11.0%	0.0%	-2.1%	-2.0%	4.1%
600m	88.2%	11.8%	0.0%	-1.3%	-2.8%	4.1%
700m	87.7%	12.3%	0.0%	-0.8%	-3.3%	4.1%
800m	87.3%	12.7%	0.0%	-0.4%	-3.7%	4.1%
900m	86.8%	13.2%	0.0%	0.1%	-4.2%	4.1%
1000m	86.0%	13.9%	0.1%	0.9%	-4.9%	4.0%
1100m	84.9%	14.6%	0.4%	2.0%	-5.6%	3.7%
1200m	83.6%	15.4%	1.1%	3.3%	-6.3%	3.0%
1300m	82.1%	16.2%	1.7%	6.7%	-7.2%	2.4%
1400m	80.2%	17.1%	2.7%	6.7%	-8.1%	1.4%
1500m	77.8%	18.0%	4.2%	9.1%	-9.0%	-0.1%
羽曳野図書館貸出実測値(2016)	86.9%	9.0%	4.1%			

(資料)表1及び羽曳野市立図書館提供資料.

この点を個別に考察するため,羽曳野市の6つの図書館について施設から半径500,600,800,1000,1500mの5区分で見た半径円と,幹線道路による施設からの距離を求めたものを重ねた図2を参照しよう.

施設までの具体的な距離として考えられる道路距離と，半径円の範囲を観察すると，両者の距離はその範囲内にとどまることが確認された．このため，物理的な道路距離を念頭に置いたとしても，半径円で表されたものが，妥当することが確認できると言える[17]．

続いて，半径円を 500m から 1500m まで 100m 毎にとり，各半径円ごとに含まれる町丁目人口を居住自治体ごとに分割してパーセンテージを表示した表 3 をもとに，それぞれの半径円の段階での図書館利用層の推計を示す．半径 500m の段階では，図書館の利用者層の 9 割は羽曳野市内，1 割が藤井寺市内の住民であることが推計された．以降，1500m に半径円が広がるに従って，藤井寺市の住民の割合が上昇し，半径円 1km を超えると富田林市などその他の隣接地域も羽曳野市の図書館の半径円にかかり始める．

次に，推計値が実際の図書貸出サービスと比較して，どの程度の妥当性を持つものなのかを，「大阪市・中部 9 市の図書館広域相互利用サービス」のデータである表 4 を基に検討していく．

「大阪市・中部 9 市図書館広域相互利用サービス」とは，八尾市，柏原市，東大阪市，富田林市，河内長野市，松原市，羽曳野市，藤井寺市，大阪狭山市，大阪市の 10 市間で住民の図書館相互利用を可能とする枠組みである．協定自治体の住民は，いずれの自治体でも利用者登録証を発行し，図書館サービスを利用できる．協定は 2012 年の 7 月 1 日から開始され，現在も継続して実施されている．なお，相互利用協定に際して，一部事務組合のような自治体間での財政移転はなく，現在のところ，財政負担に関する議題は挙がっていないとされた（筆者ヒアリング調査に基づく）．

自治体間での貸出，借り出しがいずれも多いのは，大阪市である．大阪市のスピルインの 6 割（127,612 冊）は東大阪市，3 割（78,226 冊）は八尾市の図書館となっている．両自治体図書館へは，大阪市の平野区や生野区，東成区など隣接エリアからの越境利用の可能性が考えられる．スピルオーバーも，東大阪市が大阪市全体の外部貸出の 37.3%（76,619 冊），八尾市が 25.2%（51,463

---

(17) 今回用いた幹線道路データには，市道等より小規模な道路データは含まれていない．ただし，ほとんどの道路がこの幹線道路に接続されることが想定されるため，半径円による推計が概ね具体的な道路距離と打倒するものと考えられる．

地理情報システムを用いた公共施設分析　　117

表4　大阪市・中部9市図書館広域相互利用サービスの自治体別利用冊数（2016年度）

	松原市	羽曳野市	藤井寺市	富田林市	大阪狭山	河内長野市	八尾市
他市住民への貸出	17,738	117,908	10,535	19,957	19,302	86,783	175,489
他市図書館での借り出し	36,720	31,155	102,832	101,551	39,375	22,326	87,602
通算値	18,982	▲ 86,753	92,297	81,594	20,073	▲ 64,457	▲ 87,887

	東大阪市	柏原市	大阪市
他市民への貸出	154,971	16,785	203,581
他図書館での借り出し	118,612	62,415	220,461
通算額	▲ 36,359	45,630	16,880

（資料）羽曳野市提供資料より作成.

冊）をそれぞれ占めている．通算すると，大阪市では僅かであるが，スピルインの効果が上回っている．図書館の広域利用サービスは，ある意味で大阪市に「黒字」をもたらしていると考えられる．

　この赤字黒字関係は，表4の第3行にまとめられている．藤井寺市，富田林市は大きく「黒字」となる自治体であり，羽曳野市，河内長野市，八尾市は「赤字」の多い自治体と評価できる．

　さらに，羽曳野市と藤井寺市それぞれの他市町村への貸出実数の内訳を示した図3からも両者が相互に貸し出す冊数が他の自治体と比して圧倒的に大きいことが見て取れる．すなわち，羽曳野市の他地域への図書サービスの漏出の殆どは，北部に隣接し中央図書館と陵南の森図書館の徒歩圏が大きく入り込んでいる藤井寺市が占めていることがわかる．藤井寺市の図書館の広域相互利用サービスも，羽曳野市の利用者の利用冊数が最も多いが，実数の規模は藤井寺市市民の16分の1にとどまる．

　再び表4に戻り，羽曳野市図書館貸出実測値（2016年）と半径円毎に推計された，羽曳野市図書館利用者構成推計と，その割合に注目し検討しよう．ここで，実測数値と羽曳野市内の利用者構成が最も近いのは半径900m，藤井寺市は500m，その他では1.5kmの構成比に示される数値が最も貸出冊数で得た実際の域外・域内利用の割合に近い．それぞれの構成比と，実測値の乖離パーセントポイントも表に示したとおりである．

　この点から次のような特徴を読み取ることが可能であろう．

　まず，藤井寺市と羽曳野市については，いずれも500mから1km未満の徒歩圏内での推計値と実測値の乖離幅が小さく，徒歩圏内の利用者層が実際の利

図3 羽曳野市・藤井寺市の広域相互利用貸出対象住民の居住自治体別構成
（2016年度）

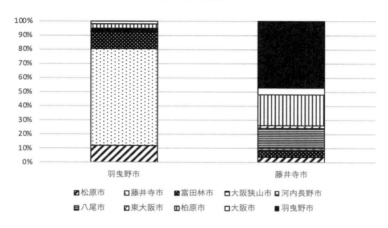

（資料）羽曳野市，藤井寺市提供資料より作成．

用者実態と相当程度近似していることが確認された．また，両市外地域である例えば富田林市などは，羽曳野市立図書館から半径及び道路距離からみて1.5km以上離れたエリアに存在し，こうした場合の域外利用は徒歩以外の交通手段の利用が考えられる．

いずれにしろ，図書館における徒歩圏の人口構成は，実際のサービス実態に比しても，近似性の高い実態を表している．同時に，公共施設の空間的な配置や施設へのアクセスビリティが，実際の公共施設の便益スピルオーバー（イン）に明示的に影響を与えていることが確認されたと言えよう．

4．小括

以上，本稿では，GISを用いて図書館を題材に公共施設の便益スピルオーバー（イン）の量的測定を試みた．はじめに設定した本稿の課題に対して，いかなる成果が得られたかを次にまとめる．

本稿で明らかになった点は，次の6点である．

1）大阪府43自治体において，地理的アクセス性に基づく図書館の直接便

益が，人口のどの程度のボリュームで満たされているのかを明らかにした．

2）その結果，徒歩圏域（図書館半径 800m 居住者）に住む住民は大阪府全体の 23.7％にとどまり，多くの地域で図書館アクセス性が低いエリアが存在することを明らかにした．

3）図書館施設の蓄積に関する空間的特徴として，北摂，南河内地域で潤沢，泉北泉南では過小であることを明らかにした．

4）施設が潤沢なエリアで比較的面積の狭い南河内地域では，図1及び図2において図書館アクセス圏が自治体境界を越境している点を視覚的に確認した．

5）これをバッファ面積按分法で影響域の人口数を試算し，その量的影響が小さくないことを明らかにした．

6）さらに実際の相互利用サービスについて，データを取得し，GISを用いて試算した利用分布と実際の利用状況とが近似する事実を示し，方法論としての蓋然性を示した．

以上の分析により，先行研究の整理で示した研究課題に対して，①生活関連施設である図書館を用いて，②個別の位置情報をもとに，③サービスのスピルオーバー（イン）を量的に推計し，推計値と現実の利用情報の近似を示した[18]．

ただし，本稿で残された課題もある．

例えば，公共サービスのスピルオーバーは，その発生により近隣の自治体の公共投資支出を縮小させることが知られているが，本稿ではこの点に十分踏み込まなかった．この問題は，GISで得られた空間的な特徴を，計量分析に接続

---

(18) 先行研究でも，インフラや公共施設の具体的な便益を測定することで，公共投資の最適供給を検討すべきとの論点に，本稿は一定の貢献をもつものと考えられる（畑農　前掲）．加えて，公共施設利用の自治体間連携を通じた総床面積の縮小が議論される際，これまで十分でなかった施設の具体的な位置を加えた分析は（総務省自治財政局　2014　p.4），抽象的な相互利用計画を具体化していくことに役立つことが期待される．また，公共サービスの需要と供給に注目して，自治体間の合併・広域連携を検討した研究は加茂・稲継・永井（2010）があるが，行政学者である加茂は，この中で日本におけるいわゆる「平成の大合併」が，行政費用の最小化を主たるアジェンダとしてしまった結果，どのような公共サービスをどの範囲で守るかという議論が希薄であったと批判的に検討している．実際，公共施設の縮小が生じさせる空間的なサービスの差違は，その縮小論そのものへの反発を生みかねない．こうした論点を行動経済学の知見をもとに，埼玉県内の住民アンケートなどをもとに分析した中川（2018）の研究がある．

する作業の必要性とも言える.

　また，図書館以外の公共施設についてさらに分析を進め，それぞれの公共施設の機能及び影響推計範囲を元に施設ごとのスピルオーバーの特徴を析出する作業も残されている. 加えて，今回は大阪府のみを取り上げたが，地域ごとの特徴を比較するといった作業も今後必要となると言えよう.

　以上は，筆者に残された課題であり，本稿で示した方法論を深化させるだけでなく，従来の研究手法との接合を図ることでこの間隙を埋めて行くこととしたい.

　謝辞

　本稿をまとめるに当たり，羽曳野市，藤井寺市の両自治体の図書館行政ご担当者にヒアリングや資料提供の協力を賜った. また，日本地方財政学会報告の折に，討論者の吉田素教大阪府立大学教授から貴重なコメントを賜った. ここに記して感謝申し上げる. なお，本論文における責任はすべて筆者に帰属するのは言うまでもない.

参考文献

赤井伸郎・倉本宜史 (2014)「日本の港湾における財政支出の相互依存関係に関する検証」『財政研究』第 10 巻, pp.199-223.

今木洋大・岡安利治編著 (2015)『QGIS 入門』古今書院.

大島孝介・國崎稔・菅原宏太 (2008)「固定資産税の土地評価における自治体間相互依存の実証分析」『愛知大学経済論集』第 176 号, pp.1-19.

加茂利男・稲継裕昭・永井史男編著 (2010)『自治体間連携の国際比較―市町村合併を超えて―』ミネルヴァ書房.

栗原由紀子・大橋忠宏 (2017)「弘南鉄道大鰐線の需要推定と利用促進への課題」『弘前大学人文社会科学論叢』第 2 巻, pp.73-84.

国土交通省 (2014)『まちづくりのための公的不動産 (PRE) 有効活用ガイドライン (概要版)』国土交通省.

斎藤英明 (2013)「地方公共団体単独事業支出と他地域へのスピルオーバー効果―神奈川県下の町村を対象にして―」『政経研究』第 49 巻第 3 号, pp.841-865, 日本大学.

下山朗 (2002)「公園サービスのスピルオーバーの実証分析―大阪府下の市町村のケース―」『関西学院経済学研究』第 33 巻, pp.321-334.

杉浦真一郎 (2018)『介護行財政の地理学―ポスト成長社会における市町村連携の可能性―』明石書店.

総務省自治財政局（2014）「公共施設等総合管理計画の策定にあたっての指針の策定について」総財務第 75 号.

宗健（2018）「共同住宅の遊休化・老朽化と家賃形成―首都圏と地方中核都市を事例として―」齊藤誠編著『都市の老い―人口の高齢化と住宅の老朽化の交錯―』勁草書房.

中川雅之（2018）「公共施設再配置に関する利害者の対立と合意形成―埼玉県のケース―」齊藤誠編著『都市の老い―人口の高齢化と住宅の老朽化の交錯―』勁草書房.

中地正博・掘薫夫（2012）「図書館づくりに向けた住民運動に関する一考察―大阪府松原市における 1970 年代の事例から―」『大阪教育大学紀要　第Ⅳ部門』第 60 巻第 2 号，pp.97-107.

日本図書館協会編（1976）『市民の図書館　増補版』日本図書館協会.

根本裕二（2017）「インフラ老朽化に伴う更新投資の規模試算（2016 年度版）」『東洋大学 PPP 研究センター紀要』7 巻，pp.1-9.

橋本雄一編（2015）『QGIS の基本と防災活用』古今書院.

畑農鋭矢（2014）「九州地方における社会資本の生産力効果と地域間スピルオーバー効果」『明治大学社会科学研究所紀要』第 54 巻第 2 号，pp.129-144.

林　勇貴（2014）「地方公共財の間接便益とスピル・オーバー―芸術・文化資本へのヘドニック・アプローチの適用―」『経済学論究』第 68 巻第 2 号，pp.61-84，関西学院大学.

ピンチ，S 著，神谷浩夫訳（1990）『都市問題と公共サービス』古今書院.

不動産公正取引協議会連合会（2013）『不動産の公正競争規約』不動産公正取引協議会連合会.

古谷知之（2011）『R による空間データの統計分析』朝倉書店.

別所俊一郎・宮本由紀(2012)「妊婦検診をめぐる自治体間財政競争」『財政研究　第 8 巻』有斐閣，pp.251-267.

宮本憲一（1980）『都市経済論―共同生活条件の政治経済学―』筑摩書房.

森　智彦(2011)「日本の公共図書館サービスの展開・現状と課題・展望」『情報社会試論』Vol.12，pp.1-12.

山本慶裕（1985）「公共図書館システムの Accessibility に関する一考察―松原市民図書館の事例―」『大阪大学人間科学部紀要』第 11 巻，pp.217-246.

吉弘憲介（2017）「自治体間でこれだけ違う公共施設」『エコノミスト』第 95 巻第 37 号，pp.74-76.

吉弘憲介（2018）「都市インフラの管理データベースの整備状況―政令市に対する調査を中心に―」『桃山学院大学経済経営論集』第 59 巻第 4 号，pp.77-99.

Bailey, K. and Grossardt, T. (2010) "Toward structured public involvement: Justice, geography and collaborative geospatial / geovisual decision support systems" *Annals of the Association of American Geographers*, Vol. 100, No. 1, pp.57-86.

参照 Web サイト

大阪府－中央図書館ホームページ「大阪府域市町村図書館名簿」(https://www.library.

pref.osaka.jp/site/central/lib-osakalib.html）（2018 年 9 月 28 日閲覧）.

国土交通省－国土政策局国土情報課 GIS ホームページ（http://nlftp.mlit.go.jp/ksj/）（2017 年 12 月 15 日閲覧）.

国土地理院－地理院地図（http://maps.gsi.go.jp）（2018 年 10 月 3 日閲覧）.

総務省－決算カード（http://www.soumu.go.jp/iken/zaisei/card.html）（2018 年 6 月 20 日閲覧）.

総務省－政府統計ホームページ：地図で見る統計（https://www.e-stat.go.jp/gis）（2017 年 12 月 15 日閲覧）.

東京大学空間情報科学研究センターホームページ（http://www-new.csis.u-tokyo.ac.jp/）（2018 年 9 月 28 日閲覧）.

esri ジャパンホームページ（https://www.esrij.com/getting-started/learn-more/shapefile/）（2018 年 4 月 30 日閲覧）.

GIS 実習オープン教材サイト（https://gis-oer.github.io/gitbook/book/）（2018 年 10 月 1 日閲覧）.

スウェーデンにおけるコミューンの在宅育児手当制度の分析

—自治体類型・学歴別のコミューンの平均所得に注目して—

古 市 将 人 [1]

(帝京大学)

要 旨

近年スウェーデンの格差は拡大しており，現金給付の削減も実施されてきた．2008年中道保守政権下で実施された，コミューンに在宅育児手当を導入する権利を付与する改革は，広範な議論を起こした．この制度はジェンダー平等，子供の就学前保育の利用の観点からは批判され，地方自治と在宅育児を支持する観点からは評価されていた．ただし，労働市場において相対的に弱い立場にいると想定できる層に，在宅育児手当の利用者が集中していた．そのため，この制度は，女性の就労のみならずコミューン間の所得格差に影響を与えることが考えられる．

本稿では，自治体類型・性別・学歴を考慮に入れて，在宅育児手当を導入したコミューンと未導入のコミューンとの所得格差の実態を分析した．分析の結果，「都市」に分類されるコミューンにおいて，在宅育児手当を導入しているコミューンが未導入のコミューンよりも女性の平均所得が増加していた．「非都市」においては，在宅育児手当制度を導入しているコミューンと未導入とのコミューン間の所得差はほとんどみられなかった．他の学歴に比べて，初等教育相当の学歴の女性の平均所得が大きく低下していた．以上の作業を踏まえて，在宅育児手当制度の導入から廃止までの議会における議論を分析し，2000年代における各アクターの同制度の正当化論を検討した．

キーワード　スウェーデン財政，在宅育児手当制度，自治体平均所得

---

(1)　本稿は日本地方財政学会第26回大会で報告した原稿を加筆修正したものである．学会当日に討論者を引き受けていただいた藤岡純一先生の詳細なコメント，フロアから質問していただいた野村容康先生，武田宏先生の指摘は，本稿を修正するうえで参考にさせていただいた．また，匿名の査読者の方のコメントは本稿を検討する上で，参考にさせていただいた．記して謝意を表したい．本稿に残された誤りはすべて筆者の責に帰する．本研究は，科研費（基盤研究(B)課題番号16H03576）の助成を受けたものである．

1. 問題の背景

　格差の小さな国として知られているスウェーデンの所得格差が，近年増加している．秋朝（2016）は，1991 年から 2013 年にかけて所得階層に占める中間層の割合が低下していることを明らかにした上で，中間層の割合が低下した 2006 〜 2008 年に実施された政策変化を分析している．渡辺（2015）も，90 年代以降の失業保険に対する削減，疾病手当の厳格化を指摘している．90 年代後半には，コミューンが責任と権限を持つ社会扶助の領域で，給付の厳格化が実施されている（宮寺，2008）．

　スウェーデンにおける格差拡大と並行して，社会扶助，失業手当，疾病手当の領域では支出の削減や給付の厳格化が実施されていた．しかし，就学前教育のような現物給付の領域では普遍主義化が進展していた（秋朝，2010 ; 大岡，2014）．

　このような動きと相反するかに見える動きが，中道保守政権下で 2008 年に導入されたコミューンの在宅育児手当制度である．この制度は，公的保育施設ではなく在宅で育児をする家庭に現金を給付するものである．2008 年の改革は在宅育児手当を導入する権利を自治体に付与する仕組みであり，財源は自治体負担である．在宅育児を選択するという選択の自由や地方自治の観点からは，この制度を評価する声もあった．この制度はスウェーデンの特徴である，地方自治，ジェンダー平等，選択の自由といった論点が交錯する領域と言える．2015 年 11 月に社民党政権下で，この制度の廃止が決定された．

　理論的には，女性が在宅育児を選択することで，（1）就労と関係する人的資本の蓄積が妨げられる可能性がある．また，女性が在宅育児を選択することで，（2）自身のキャリア形成に関係する人的ネットワークの発達が妨げられる可能性がある（Drange & Rege, 2013, p.126）．これらが女性の労働市場への復帰を妨げ，低所得の職への復帰に繋がるかもしれない．Schøne（2004）は，ノルウェーの在宅育児手当制度は，1-2 歳児を育てている女性の労働市場への参加に負の影響を与えていることを示している．

　Hiilamo & Kangas（2009）は，スウェーデンとフィンランドを対象にして，スウェーデンでは公的保育が子供の発達や社会的な公平の前提条件を付与する

という政治的議論が展開され，フィンランドでは，管理的な保育よりは在宅育児の価値を強調する政治的議論が展開されるようになった経緯を分析している．スウェーデンの在宅育児手当制度の歴史的背景と導入後の議論と政治状況については，Nyberg（2010）が詳細な分析をしている．

　在宅育児手当制度を利用しているコミューンに注目すると，申請数は対象の子どもの2～5%程度であり，その効果は限定的であることが予測できる．しかし，利用者の9割は女性である．1-3歳児を持つ世帯に注目すると，スウェーデン全体の26.6%が移民の世帯であり，全体の約11%が初等教育相当の学歴を持っている．しかし，在宅育児手当の利用者に注目すれば，利用者の約40%が移民であり，約17%の人の学歴が初等教育相当である（SCB, 2012,p.28）．つまり，労働市場において相対的に弱い立場にいると想定できる層に，在宅育児手当の利用者が集中している可能性があった．社民党は，この利用者層の偏りを問題視していた．加えて，スウェーデン中央統計局（SCB）の調査は，在宅育児手当制度の利用者ほど所得が低いことを明らかにした（Heggemann, 2014）．

　さらに，Giuliani & Duvander（2017）は，2009年から2011年の間に在宅育児手当制度を導入していたコミューンと未導入のコミューンを比較して，都市に区分されないコミューンにおいて同制度が20-44歳女性の就業率を引き下げている可能性を示した．渡辺（2015）は，この制度は「育児休暇との併用はできないため，定職を持つ女性がそれを捨ててまでこの制度を選ぶ例は少ない．むしろ，雇用条件に恵まれない層のみが利用する傾向にあり，経済格差のさらなる拡大が懸念されている」と指摘している（渡辺, 2015, p.140）．

　先行研究を踏まえると，在宅育児手当制度が女性の所得に影響を与える点，それがコミューン間の所得格差に影響を与える可能性がある．しかし，この点は十分に研究されていない．そこで，本稿では，在宅育児手当を導入したコミューンと未導入のコミューンの特徴をコミューンの平均所得の観点から明らかにする．その上で，在宅育児手当制度の廃止の背景を議会資料から明らかにする．

2. 在宅育児手当制度導入の背景

元々，1960 年代段階では社民党は在宅育児手当に好意的であり，保守系の政党は同制度に反対をしていた[2]．なぜならば，保守政党は小さな政府を志向していたからである．その後，税財源による保育ではなく，多様な保育の選択肢の重要性を保守政党は強調するようになった．しだいに，社民党は公的保育を最も正当な選択肢として見なすようになった．なぜならば，就学前保育は異なる背景を持つ子供の間の公平性を高めるからである．また，公的保育は女性の両立支援を推進する．1994 年に中道保守政権は在宅育児手当制度を導入したが，同年に成立した社民党政権は在宅育児手当制度を即座に廃止している．しかし，中道保守政権の中でも，キリスト教民主党がこの政策の支持者であり，自由党や穏健党には在宅育児手当に批判的な議員もいた（Nyberg, 2010）．

2006 年に政権に復帰した中道保守政権は，再び在宅育児手当制度を 2008 年から導入した．この制度は，1 歳以上 -3 歳未満の子どもを在宅で育てる個人，つまり公的な就学前教育（全日でなければよい）を利用しない個人に対して，月最大 3000 クローナを支給する．手当は課税対象ではない．

この制度の目的は，子供が 1 歳から 3 歳の時に，その両親が在宅で育児をする機会を増やすことにある[3]．公的保育に代えて現金給付の拡充を狙った政策ではなく，育児に関する両親の選択の自由を拡大することを狙った政策である．異なる家族には異なるニーズがあり，それらには同様の価値がある点から「現代の家族政策」は出発しなければならないと，政府提案は指摘する．そのため個々の家族の選択が重要になる．なによりも，子供の利害について最も詳しいのは両親である．これが政府提案の論理である[4]．政府は，在宅育児手当が所得喪失の補塡ではない点，就労の阻害要因になってはならない点を考慮に入れて，手当の金額を設定している[5]．

---

(2)　この段落の記述は Hiilamo & Kangas (2009), pp.463-464 に基づいている．

(3)　Prop. 2007/08: 91, p.1.

(4)　*Ibid.*, p.17.

(5)　*Ibid.*, pp.28-29.

この制度は，コミューンの負担で運営される．中央政府による義務的な事務がコミューンに課されるのであれば，中央政府からの財源保障が必須になる．在宅育児手当の導入はコミューンが決定するため，財源は自治体の負担である．導入前の試算によれば，公的保育の費用は子供1人当たり10万SEKである．在宅育児手当の費用は子供1人当たり最大36,000SEK(3,000×12)であるため，差し引き64,000SEKの経費節約になる[6]．ただし，公的保育の人件費などは利用者数の低下によって比例的に減少するわけではない点も，政府提案にて指摘されている．

在宅育児手当に対して様々な意見が寄せられた．在宅育児手当制度を導入する権利をコミューンに付与する点について，スウェーデン自治体協議会（SKL）は，地方自治の観点から好意的であった[7]．第三者機関である「子どもオンブズマン（BO）」も在宅育児手当に好意的な意見を述べている．理由の一つとして，BOは子供が両親と一緒に居る時間が増える可能性が増すことを指摘している[8]．

この論点に反対の意見もあった．労組の一つであるスウェーデン専門職労組連盟（SACO）は，家族政策の改革は国の業務であって，地方政府に制度の導入を決定させるべきではないと指摘している．SACOは，この制度が就労機会の促進，ジェンダー平等の促進，就労原則の維持といった価値に反する可能性を指摘している．同じく，労組であるスウェーデン専門職労連（TCO）も，同制度が就労原則とジェンダー平等を後退させる点を指摘している[9]．

議会においては，社民党，左党，緑の党が在宅育児手当制度に反対している．議会で社民党議員が指摘したのが，在宅育児手当が性別間の不平等を拡大する点である．同党の議員は，1998年に在宅育児手当を導入したノルウェーを例にして，スウェーデンにおいても移民の女性が労働市場から退出する可能性，子供が保育所に入らないことによって子供の言語発達等に影響がでる可能性を指摘した[10]．議員が参照しているのは，財務省の外局である国立経済研

---

(6)　Ds 2007: 52, pp.132-133.

(7)　Prop. 2007/08:91, p.15.

(8)　*Ibid.*, pp.15-16.

(9)　*Ibid.*

(10)　Prot. 2007/08: 115, p.65.

究所（Konjunkturinstitutet）による在宅育児手当制度に関する予測だと考えられる．それによれば，ノルウェー統計局の調査では，数年間で女性の就労に在宅育児手当が悪影響を与えたことを報告している．ただし，国立経済研究所は，スウェーデンでは保育所の料金が低い点を指摘している[11]．

　以上のように，導入当初から在宅育児手当が女性と子供に与える影響について広範な議論が交わされていたのである．

3.　資料と分析手法

　本稿では，SCB や学校庁（Skolverket）の統計を利用する．まず，1980 年から 2016 年までの各自治体の平均所得の地域差をタイル尺度によって分析する[12]．1991 年から 2016 年までは SCB の HP よりデータを取得できる．それ以前の自治体別所得については Statistiska meddelanden. Be の各年版から入手した．

　次に，自治体類型別に不平等尺度の分解を行い，平均所得のグループ間格差とグループ内格差の関係を明らかにする．この時に用いるのはスウェーデンの自治体区分である．1988 年から数年毎に，この自治体区分は SKL によって公表されている．基本的に，人口，産業構造などを用いて自治体の分類が作成されている．2011 年では，グループ 1 大都市からグループ 10 過疎地域まで，10 の区分がある（表 1）．Giuliani & Duvander（2017）は以上のグループ 1-5 と 9 を「都市」，グループ 6 と 7 を「混合」，グループ 8 と 10 を「地方」，「都市」以外を「非都市」として分類している．本稿では，在宅育児手当の分析をする際に，以上の区分を用いた．

　在宅育児手当の分析には Giuliani & Duvander の手法を用いた．Giuliani & Duvander（2017）は，SCB の報告書等を用いて 2009 年，2010 年，2011 年の間に同制度を導入していたことが確認できるコミューン 93 [13] と，同制

---

(11)　*Ibid*,p.66. Konjunkturinstitutet(2008),p.102.

(12)　基本的な手法は高林（2005）に依拠している．

(13)　Giuliani（2015）の Appendix 3 に導入コミューンが整理されており，本稿はこのリストに依拠した．

スウェーデンにおけるコミューンの在宅育児手当制度の分析　　129

表1　2011年の自治体類型

No.	自治体類型 2011	コミューン数	基準
1	大都市	3	住民が 20 万人以上
2	大都市郊外のコミューン	38	夜間人口の 50% 以上が他の自治体で働いている。
3	都市	31	都市の過密度が 70% 以上で住民が 5 万人以上。
4	都市郊外のコミューン	22	夜間人口の 50% 以上が他の自治体で働いている。
5	郊外コミューン	51	夜間人口の 40% 以上が他の自治体で働いている。
6	観光コミューン	20	ホテルやキャンプ場での 1 人当たり宿泊日数が 21 日以上、または、1 人当たりの別荘数が 0.20 を超えている。
7	産業コミューン	54	16-64 歳の夜間人口の 34% 以上が、製造業・採鉱・採石業、エネルギー・環境関系の産業、建設業で働いている。
8	過疎コミューン	20	過密度が 70% 未満、km² 当たり 8 人未満。
9	人口過密コミューン	35	112.5km 圏内に 30 万人以上の自治体。
10	過疎地域コミューン	16	112.5km 圏内に 30 万人未満の自治体。

(資料) Sveriges Kommuner och Landsting (2010, pp.5-6) より作成.

度を導入していないコミューン 172 を抽出し，両群の制度導入前後の女性の就業率の差を比較している．具体的には，両群の制度導入以前の 2007 年から 2012 年にかけての女性（20-44 歳）就業率の変化を計量的に分析している．両群に分類されない 25 のコミューンは除外されている．この研究では，自治体区分を用いて在宅育児手当制度の効果を分析している．本稿でも同じ区分を用いた．分析にはコミューンの女性の平均所得を用いた．

　上記の先行研究では，学歴別に在宅育児手当制度の効果が異なることが指摘されている．そこで，本稿では学歴別のコミューンの平均所得も用いた．SCB が分類する初等教育相当，後期中等教育相当，大卒相当，それぞれの 20-49 歳の女性の平均所得をコミューン別に算出した．

　本稿の分析の限界点を整理しておこう．在宅育児手当制度の導入を決めるのはコミューンである．そのため，経済成長の余地があるコミューンが制度を導入するという自己選択の可能性がある．本稿では，自治体区分を用いることでこの点を考慮に入れた．次に，在宅育児手当を求めて人々が移動するといった人口の流出入については，本稿では考慮に入れていない．また，2007 年に導入された就労税額控除制度が所得に与える影響は，本稿では分析していない．この制度は人々の就労所得に課される税への減税である．スウェーデン全土にわたる広範囲の減税であるため，在宅育児手当導入・未導入コミューンの双方

に影響を与えていると考えられる．本稿では，制度の効果を推定するのではなく，制度を導入しているグループと未導入のグループとの所得差がどの程度生じているのかに注目をしたい．

4. 分析結果

4.1 コミューン間所得格差と在宅育児手当の分析

　図1は，自治体別の平均所得による自治体間の所得格差の推移を示している．タイル尺度のグループ別分解には各年の自治体区分を用いた．図1から80年代後半から所得格差が低下しているのがわかる．特に，91年のバブル崩壊以降所得格差が低下している．自治体内類型内格差よりも類型間の格差のほうが大きいことが分かる．一定の振幅があるが，1995年から2016年まで自治体間格差が拡大している．この間スウェーデンの所得格差が拡大してきた．つまり，所得格差拡大は自治体間格差を伴っていることがわかる．

　在宅育児手当を導入しているコミューンと未導入のコミューンとの所得格差を検証しているのが，表2である．「全体の格差」の推移から，分析対象のコミューン間の所得格差[14]が拡大しているのが分かる．その要因として，グループ内の格差の拡大を指摘できる．特に，導入コミューンの寄与度が大きい．次に，導入コミューンと未導入コミューンとのグループ間格差が増加傾向にあるのがわかる．

　図2は20-44歳の女性の平均所得の推移を描いている．制度導入以前から，未導入コミューンの平均所得は全国平均値と導入コミューンの平均所得よりも低いことが看取できる．未導入コミューンと導入コミューンとの格差は制度導入以前に生じていたのである．コミューンレベルで見れば，在宅育児手当制度によって，自治体間格差が平準化していないと考えられる．

---

(14)　ただし，スウェーデンのコミューン数が少ないためか，地域間所得格差は低水準である．2012年の地域間所得格差はジニ係数で測ると0.06である．

図1 自治体別の平均所得格差の推移

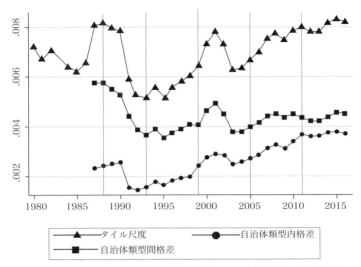

(注) 垂直線は自治体区分が変更した年である．その時点間で類型内格差と類型間格差のデータは厳密には比較できない．不平等尺度はタイル尺度である．
(資料) SCB, Statistiska meddelanden. Be 各年版，SCB.HP よりデータを入手し，作成した．

表2 タイル尺度の推移（男女・20歳以上の平均所得）

	2000年	2007年	2008年	2009年	2010年	2011年	2012年
全体の格差(タイル尺度)	0.00766	0.00790	0.00809	0.00785	0.00825	0.00838	0.0082
グループ内格差	0.00637	0.00628	0.00642	0.00620	0.00653	0.00660	0.00643
グループ間格差	0.00129	0.00161	0.00167	0.00165	0.00172	0.00179	0.00173
未導入コミューンの寄与度	0.001662	0.00154	0.00155	0.00151	0.00160	0.00165	0.00166
導入コミューンの寄与度	0.004709	0.00474	0.00486	0.00469	0.00492	0.00495	0.00477

(注) 1) 全体の格差＝グループ内格差＋グループ間格差．
  グループ内格差＝導入コミューンの寄与度＋未導入コミューンの寄与度．
  寄与度＝タイル尺度×ウェイト（表未記載）．
  2) n＝265，導入コミューン数＝93（2000年は92），未導入コミューン＝172．
  全コミューンが対象ではない．
(資料) 図1と同様．

表3は，自治体類型別にコミューンの女性の平均所得を比較している．「都市」において，制度を導入しているコミューンほど，2007年から2012年にかけて平均所得が増加している．つまり，「都市」では，在宅育児手当制度を導入しているコミューンと導入していないコミューンとの間で，自治体間の女性の

図2 20-44歳の女性の平均所得（コミューン別）

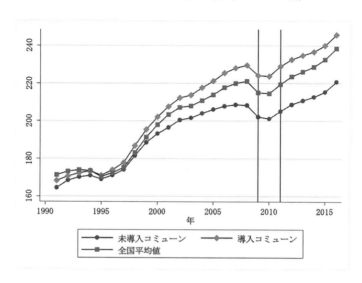

（注）縦軸の単位は1000SEKである．2009年から2011年の間に在宅育児手当制度を導入したコミューンと未導入のコミューンを比較している．この手法はGiuliani & Duvander（2017）に依拠している．所得のデータはWorld Economic Outlook Database, April 2018のGDPデフレーター（基準年＝2016年）を用いて実質化している．以下，同じ．
（資料）SCB.HPよりデータを取得し，図を作成した．

所得格差が拡大している可能性がある．

　他の類型のコミューンを見ると，都市とは異なるパターンを検出できる．分析期間において，混合類型のコミューンは所得が低下している．しかも所得低下の大きさは，未導入コミューンよりも導入コミューンのほうが大きい．「地方」類型では，そもそも未導入コミューンの平均所得が導入コミューンよりも大きい．さらに，未導入コミューンの所得は増加しているのに対して，導入コミューンでは所得が低下している．都市以外のコミューンを分類した「非都市」では，2012年まで未導入コミューンは所得がほぼ変化していないのに対して，導入コミューンは所得を低下させている．

スウェーデンにおけるコミューンの在宅育児手当制度の分析　　　133

表3　自治体類型・在宅育児手当制度導入別女性（20-44歳）の平均所得

単位：1000SEK

	2007年	2008年	2009年	2010年	2011年	2012年	2007→2012	導入 (07→12) -未導入 (07→12)	
都市 (n=180)									
未導入コミューン (n=91)	208.6	208.5	202.7	202.0	205.6	208.8	0.2	6.1	***
導入コミューン (n=75)	232.9	234.7	229.8	229.4	235.0	239.2	6.3		
混合 (n=74)									
未導入コミューン (n=52)	209.5	208.9	201.4	199.9	204.6	208.3	-1.2	-1.9	
導入コミューン (n=14)	209.4	209.6	202.0	201.1	205.2	206.2	-3.1		
地方 (n=36)									
未導入コミューン (n=29)	206.9	206.3	201.4	200.8	204.9	209.2	2.4	-5.0	
導入コミューン (n=4)	203.5	201.7	196.7	196.3	199.9	200.9	-2.6		
非都市 (n=110)									
未導入コミューン (n=81)	208.6	208.0	201.4	200.2	204.7	208.6	0.1	-3.1	
導入コミューン (n=18)	208.1	207.8	200.8	200.1	204.0	205.0	-3.0		
全体									
未導入コミューン (n=172)	208.6	208.3	202.1	201.1	205.1	208.8	0.2	4.3	***
導入コミューン (n=93)	228.1	229.5	224.2	223.7	229.0	232.6	4.5		

（注）　基本的な注記は図2と同様．「非都市」とは，「都市」に分類されていないコミューンである．
　　　　最右列には，2期間パネルデータ（2007年と2012年）による差の差推定量の仮説検定結果を示
　　　　している．*** は1%基準，** は5%基準，* は10%基準で統計的に有意であることを示している．
　　　　以下の表も同様．数値は四捨五入している．
（資料）図2と同様．

　以上の分析から，在宅育児手当を導入しているコミューンほど所得を増加さ
せているように見える．2期間パネルデータを使って，「差の差」の推定をし
たところ，「全体」と「都市」類型以外では「差の差」の推定量は統計的に有
意ではなかった．つまり，在宅育児手当を導入したコミューンほど，所得が拡
大している．しかし，非都市においては，在宅育児手当を導入しているコミュー
ンと未導入コミューンとの所得差は拡大しているとは言えない[15]．

　以上の分析結果を掘り下げるために，表4には全類型別に女性の平均所得
を整理している．データの除外がない「都市」において両グループの在宅育児
手当導入前後の平均所得の差をみると，導入コミューンのほうが1400SEKほ
ど大きい．最も導入コミューンの所得上昇が大きいのが，都市郊外と郊外コ
ミューンである．過疎コミューン，産業コミューンのグループでは，導入コ
ミューンの所得が低下しているのが分かる．しかし，全類型で「差の差」は統
計的に有意ではなかった．

(15)　課税後・移転給付後の「純所得」を用いて同様の分析を行ったが，ほぼ同じ結果であった．

134　　　　　　　　　　　　第2部　研究論文

表4　全自治体類型別・コミューンの女性平均所得（20-44歳）

自治体類型 (2011)	コミューン数			平均所得 (2007年)		平均所得 (2012年)		2007年→2012年		
	総数	導入	未導入	導入	未導入	導入	未導入	導入 (A)	未導入 (B)	A・B
大都市	3	1	2	253.8	196.4	263.0	198.1	9.2	1.8	7.5
大都市郊外のコミューン	38	28	8	261.3	226.6	268.6	229.6	7.3	3.1	4.3
都市	31	14	17	209.6	207.9	212.8	209.7	3.2	1.8	1.4
都市郊外のコミューン	22	9	12	233.8	209.1	245.2	212.9	11.4	3.8	7.6
郊外コミューン	51	12	34	212.4	207.6	217.9	206.1	5.4	-1.5	6.9
観光コミューン	20	2	14	205.0	209.2	205.1	212.1	0.1	2.9	-2.9
産業コミューン	54	12	38	210.1	209.7	206.4	206.9	-3.7	-2.8	-0.9
過疎コミューン	20	3	15	203.7	203.4	198.7	203.6	-5.0	0.2	-5.2
人口過密コミューン	35	11	18	210.1	204.2	214.3	202.4	4.2	-1.7	5.9
過疎地域のコミューン	16	1	14	202.9	210.6	207.5	215.3	4.7	4.8	-0.1

（注）数値は四捨五入している.

（資料）図2と同様. 所得の単位は1000SEKである.

　　仮に在宅育児手当制度によって自治体間の所得格差が拡大するとしたら，(1) 制度を導入している「都市」コミューンの平均所得が増加する，(2) 制度を導入していない「非都市」あるいは「地方」におけるコミューンの平均所得が増加する，(3) 制度を導入した「地方」類型のコミューンの平均所得が低下する，といった3つの経路が考えられる. ただし，(2) と (3) の経路が存在していたとしても，その効果は小さいことが予測される. なぜならば，表3から明らかなとおり，「非都市」の類型では，在宅育児手当制度を導入しているコミューンと未導入コミューンとの所得差が小さいからである.

4.2　学歴別平均所得と男女の所得格差について

　　次に，コミューンの女性（20-49歳[16]）の学歴別平均所得を用いて，在宅育児手当の分析を行う. 表5は初等教育相当の学歴をもつ女性の平均所得を分析している. これまでの分析とは異なり，全類型において導入コミューンの平均所得が未導入コミューンの平均所得を上回っている. ただし，全ての類型において2007年から2012年にかけて平均所得が減少しているのがわかる. 全体で見れば，導入コミューンは未導入コミューンよりも所得の減少が小さい. 非都市の類型では，両グループ共にほぼ同じ程度の平均所得の減少を経験している.

(16)　データの都合上，これまでの分析とは女性の年齢層が異なる.

表5　コミューン別・学歴＝初等教育・女性（20-49歳）の平均所得の比較

単位：1000SEK

	2007年	2008年	2009年	2010年	2011年	2012年	2007 →2012	導入(07→12) - 未導入(07→12)	
都市 (n=180)									
未導入コミューン (n=91)	163.9	159.2	150.2	145.5	144.2	144.6	-19.3	6.6	***
導入コミューン (n=75)	180.1	178.0	170.2	166.6	167.0	167.5	-12.7		
混合 (n=74)									
未導入コミューン (n=52)	174.2	169.0	157.9	152.0	149.7	150.3	-23.9	-0.3	
導入コミューン (n=14)	184.1	178.6	168.5	164.6	163.3	159.9	-24.2		
地方 (n=36)									
未導入コミューン (n=29)	162.7	156.0	144.1	140.0	141.8	143.6	-19.0	4.4	
導入コミューン (n=4)	174.2	162.4	154.9	149.2	154.0	159.5	-14.6		
非都市 (n=110)									
未導入コミューン (n=81)	170.1	164.3	153.0	147.7	146.9	147.9	-22.2	0.1	
導入コミューン (n=18)	181.9	175.0	165.5	161.2	161.3	159.8	-22.0		
全体 (n=)									
未導入コミューン (n=172)	166.8	161.6	151.5	146.6	145.4	146.1	-20.6	6.2	***
導入コミューン (n=93)	180.5	177.4	169.3	165.5	165.9	166.0	-14.5		

（注）　数値は四捨五入している．

（資料）　図2と同様．

　同様の分析を学歴が中等教育相当，高等教育相当の女性について適用したのが，表6である．全類型のコミューンの平均所得が分析期間で上昇していることを確認できる．両学歴において，非都市の類型では，在宅育児手当を導入していないコミューンが導入コミューンよりも所得が増加しているのが分かる．しかも，高等教育相当の学歴をもつ女性かつ非都市の類型をみると，在宅育児手当制度を導入しているコミューンほど所得が増加していないのが分かる．都市の類型において，在宅育児手当を導入しているコミューンの平均所得増を確認できる．

　学歴が高等教育相当の女性の平均所得をみると，他の学歴よりも所得増加の大きさが際立っているのが分かる．導入コミューンと未導入コミューンの所得増加の差を見てみれば，両グループの差は他の学歴とあまり変わらない[17]．在宅育児手当の利用者を全国データと比べてみると，学歴が初等教育相当の人が多い点を既に確認した．表5と表6より，そのような初等教育相当の学歴の女性が全体の所得増加から取り残されている可能性は指摘できる．

(17)　都市部では4000~4700SEK程度，導入コミューンの所得が増加している．

表6　学歴＝中等教育相当，高等教育相当の女性の平均所得の比較

単位：1000SEK

	中等教育相当				高等教育相当			
	2007年	2012年	2007→2012	導入(07→12)-未導入(07→12)	2007年	2012年	2007→2012	導入(07→12)-未導入(07→12)
都市 (n=180)								
未導入コミューン(n=91)	219.1	221.8	2.7	4.2 ***	250.9	266.3	15.4	4.7 ***
導入コミューン(n=75)	233.7	240.7	6.9		282.0	302.2	20.2	
混合 (n=74)								
未導入コミューン(n=52)	222.3	227.3	4.9	-2.4	247.3	262.8	15.5	-5.0 *
導入コミューン(n=14)	221.1	223.6	2.5		242.6	253.1	10.5	
地方 (n=36)								
未導入コミューン(n=29)	217.8	222.1	4.4	-2.4	249.3	267.6	18.4	-11.4 *
導入コミューン(n=4)	214.7	216.6	2.0		242.1	249.1	7.0	
非都市 (n=110)								
未導入コミューン(n=81)	220.7	225.4	4.7	-2.3	248.0	264.6	16.5	-6.8 **
導入コミューン(n=18)	219.6	222.0	2.4		242.5	252.2	9.7	
全体								
未導入コミューン(n=172)	219.8	223.5	3.7	2.4 ***	249.5	265.5	15.9	2.2 *
導入コミューン(n=93)	231.0	237.0	6.1		274.4	292.5	18.1	

（注）数値は四捨五入している．

（資料）図2と同様．

4.3　在宅育児手当制度の廃止

　2014年に政権に復帰した社民党政権下で，在宅育児手当制度の廃止が検討されることになった．しかし，以前から在宅育児手当制度への批判は存在していた．例えば，財務省の研究所（ESO）が2012年に出版した，移民の労働市場への包摂に関する報告書を挙げることができる．報告書は，在宅育児手当が移民労働者（特に女性）の労働市場への参加を阻害している可能性を指摘している．特に，在宅育児手当が移民の女性の労働供給を阻害するだけではなく，その子供が保育サービスから排除される可能性も検討されている[18]．最終的に，報告書は移民労働者の労働市場への包摂を促進する提案の一つとして，在宅育児手当制度の廃止を訴えている[19]．2012年に出版された，移民労働者に関する政府報告書においても，在宅育児手当を受給する人が女性と移民に偏っている点が指摘されている[20]．

---

(18)　Segendorf & Teljosuo (2011), pp.62-64, 119.

(19)　*Ibid*., p.119. 多くの提案の一つが，在宅育児手当制度の廃止である．

(20)　SOU 2012: 59, p.211.

以上の報告書は共に，社民党政権下で議会に提出された政府提案において，同制度廃止の論拠とする文脈で引用されている[21]．社民党が政権交代後に議会に提出した提案は，2007年の議会でのやりとりを彷彿とさせるものであった．以下，政府提案の骨子を整理しておこう．

政府の家族政策にとって，ジェンダー平等は重要な目標である．就労を通じて自身の生計を営む機会は，世帯の生計や個人の自立と保障にとって重要な要素である．在宅育児手当に関係するジェンダー平等に関する目標は，経済的な平等，無償の家事・ケアの公平な配分である[22]．就労を求める両親に必要な条件とは，育児と雇用を調和させることにある．それに必要な政策とは，両親保険，就学前教育，一般的家族への給付とニーズテストを備えた給付，全ての子供のための良質な学校である．

しかし，SCBの調査によれば，在宅育児手当制度の受給者を受給前と受給後で比較してみると，受給してない親よりも賃金収入が低いことが明らかにされている[23]．在宅育児手当を利用する個人の労働市場とのつながりが弱くなり，短期的・長期的には他の人に依存するようになるという仮説を，この調査は支持している[24]．移民の女性が在宅育児手当制度を利用する傾向にあることも調査によって明らかにされている．

そもそも，低所得の状況が続くと将来の年金額が低下する．調査によれば，女性の低年金の原因は就労状況に起因する．そのため，在宅育児手当制度の廃止は，性別間の格差是正にも寄与する[25]．

政府は，ノルウェーの事例を参照しつつ，移民の子供が保育所で過ごすことは，子供の言語発達等に良好な影響を与えることを指摘する[26]．この点は，2007年の議会で社民党議員が指摘していた点である．

関係機関から意見を聴取するレミスにおいて，ほとんどの機関が政府提案に反対を示してはいなかった(LO, TCO, SKLなど)[27]．政府提案に反対した団体は，

(21)　Prop. 2014/15: 147, p.18.

(22)　*Ibid.*, p.16.

(23)　明示されていないが，Heggemann (2014) を指していると考えられる．

(24)　*Ibid.*, p.17.

(25)　*Ibid.*

(26)　*Ibid.*, p.19.

(27)　*Ibid.*, p.14.

コミューンの在宅育児手当は地方自治の促進に寄与し，公的保育の代替になり得ると指摘していた[28]．

　地方自治の論点について，政府は，コミューンの在宅育児手当制度を廃止することは同制度の導入前の状態に戻るだけである点を指摘する．つまり，ジェンダー平等や労働問題に関する目標を前提に，政府提案は地方自治の制約を意味するとは限らない点を指摘している[29]．

　社民党案に対して，最大野党である穏健党の議員は政府提案に反対の動議を提出している．穏健党議員の主張は，在宅育児手当が子育てをしている両親の選択の自由を高めるといった指摘である[30]．また，穏健党議員はコミューンに在宅育児手当の規模を決定させる権限を付与すべきと提案している[31]．

　反移民政党として知られるスウェーデン民主党は，在宅育児手当を全国に拡大した上で，金額を倍にすることを要求している[32]．彼らは，「我が党のように家族に優しい党」は，在宅育児手当が人々の選択の自由を高めている点を評価していると指摘する．在宅育児手当が十分に利用されていないのは，制度導入が任意な点と金額が小さいことが原因であると同党は指摘している．

　キリスト教民主党は，在宅育児手当を最も強く支持する政党である．そのため，政府提案に対して明確に反対の動議を提出している[33]．キリスト教民主党は，社会における家族の価値を確認した上で，在宅育児手当が両親と子供が共に過ごす時間を確保できることに寄与すると指摘する．すなわち，育児に関する選択の自由を同党は強調している．その上で，在宅育児手当は公的保育の代替ではなく，補完だとも指摘した．無数の論点が提示されているが，在宅育児手当の廃止は公的保育費用の増加，保育施設へのアクセスが悪い地方部や過疎地域の人々に悪影響を与える可能性を同党は示唆した．

　以上より，各党が同じ論理で，在宅育児手当を正当化していないことがわかる．穏健党議員は，在宅育児手当の最大額をコミューンに決定させるべきと指

---

(28)　*Ibid*.,p.15.

(29)　*Ibid*.,pp.21-22.

(30)　Motion 2015/16: 171.

(31)　Motion 2015/16: 243.

(32)　Motion 2015/16: 172.

(33)　Motion 2015/16: 257.

摘したのに対して，キリスト教民主党やスウェーデン民主党は，在宅育児手当の倍増と全国への拡充を提案した．穏健党は女性の就労，選択の自由，就労原則とのバランスを踏まえているように見える．それに対して，キリスト教民主党は，家族という価値と選択の自由を使って議論を構築している．

自由党，中央党，左党，環境党は在宅育児手当の廃止に賛成をしている．議会では，自由党と中央党の議員は，多くの調査が指摘してきた在宅育児手当が女性や移民に与える影響を憂慮し，在宅育児手当制度廃止に賛成している [34]．広範な議論を巻き起こした在宅育児手当制度だが，2015年11月18日議会にて廃止が決定された．

政治状況と在宅育児手当との関係を評価するために検討しなければならないのがコミューンの政治状況である．Nyberg(2010)が指摘するように，コミューンの政治状況と在宅育児手当の導入との間には密接な関係がある．在宅育児手当導入の有無別にコミューンの主要政党を整理すると，2011年時点で，導入コミューンの内，9のコミューンが社民党系，76のコミューンが中道保守派（アリアンセン）系，その他のコミューンが8であり，未導入コミューンの内94が社民党系，45がアリアンセン系，33がその他であった [35]．つまり，在宅育児手当を導入しているコミューンの多くは，主要政党が中道保守派である．本稿の分析を踏まえると，「非都市」であり在宅育児手当を導入しなかった主要政党が社民党であるコミューンは，相対的に所得の増加を経験しなかった可能性がある．

5. おわりに―スウェーデンにおける在宅育児手当制度の正当化論―

先行研究と本稿の分析結果を踏まえると，仮に在宅育児手当制度が，導入コミューンの所得増に寄与したとしても，その効果は大きくなかった可能性がある [36]．制度の効果は利用者の少なさに起因する．2008年のスウェーデンでは，

---

(34)　Prot. 2015/16: 29.

(35)　Skolverket.HP の資料 (Strukturella faktorer för kommuner) より算出した．

(36)　本稿では，在宅育児手当を導入した「都市」において，わずかではあるが平均所得が伸びている背景を十分に分析できなかった．3点検討事項がある．第1に，在宅育児手当制度が導入されている時期に導入された就労税額控除制度についてである．分析結果には就労税額控除制度による影

140 第2部 研究論文

コミューンの在宅育児手当はその利用者を拡大できなかったと考えられる. 4
点指摘できる. 第1に, 在宅育児手当は他の給付 (育児給付等) と併用できない.
第2に, 90年末から2000年代初頭の改革によって, 公的保育所の利用が広
まっていた. 第3に, 在宅育児手当が全国規模の制度ではなかった. 第4に,
制度の導入時点で, 中道保守政権は, 手当の就労への影響や公的保育への影響
を考慮に入れた上で, 手当の最大額を設定していた.

社民党等の在宅育児手当への反対者は, 制度の利用者が労働市場で不利な立
場にいる人々に集中していたことを問題視した. 仮に, 在宅育児手当の利用者
が多かったとしても, 公的保育, ジェンダー平等, 就労を重視する社民党は,
本制度への批判を取り下げなかったと考えられる.

2000年代の在宅育児手当に関する議論で目立つのは, ノルウェーなどの先
行事例を参照した上で, 各種の調査結果を検討することである. 政府提案, 議
員の発言, 政府報告書等では, ノルウェーで実施された在宅育児手当制度の効
果が参照された. さらに, 移民の統合という論点が2010年代に浮上した. 社
民党は, 在宅育児手当を批判する際に, この論点も取り込んでいた.

最後に, 在宅育児手当制度の設計自体が, 社民党による批判を許容しやすい
ものであったと指摘できる. つまり, SCBによって, 制度導入前後の利用者
と非利用者を比べるといった調査が容易な制度であった[37]. 政府提案におい
てSCBの調査が援用されていたことから窺えるように, 在宅育児手当の利用

響が混入しているかもしれない. 勤労所得を得る個人が居住するコミューンの税率が大きいほど,
基本的に税額控除額が大きくなる. 豊かなコミューンの税率は低い傾向にある. 全国一律で適用さ
れる就労税額控除の効果測定は自然実験の手法では困難である. そのため, 同制度が人々の就労を
促進させた可能性はあるが, その効果は不明確である (Edmark et al., 2016). とはいえ, 豊かな
「都市」に住んでいる女性ほど減税の恩恵を享受している可能性はある. ただし, 減税の恩恵は他
のコミューンにもある. 第2に, 「都市」において女性の高所得層が増えた可能性がある. 仮にこ
の推測が正しかったとしても, 在宅育児手当制度を導入するようなコミューンでは, なぜ, 高所得
層が増えたのかという別の問いが浮上する. 第3の論点が, 本稿で用いた「自治体区分」である.
この区分が自治体の特徴を適切に表現していない可能性もある. 「都市」の女性の平均所得増のさ
らなる分析の必要性については, 査読者より指摘があった. 本稿では十分にその背景までは分析で
きなかった. 今後の課題としたい.

(37) 効果測定が難しい制度として, 2007年からの就労税額控除を指摘できる. これは就労原則と
整合的であり, 全国の広範な就労者を対象とした制度である. そのため, 利用者の偏りを指摘する
議論を批判者が構築しにくい.

者が可視化されたことも，本制度廃止の背景にあったと考えられる．

参考文献

Drange, N., & Rege, M.（2013）"Trapped at home: The effect of mothers' temporary labor market exits on their subsequent work career," *Labour Economics,* 24, pp.125-136.

Edmark, K., Liang, C. Y., Mörk, E., & Selin, H.（2016）"The Swedish Earned Income Tax Credit: Did It Increase Employment?" *FinanzArchiv: Public Finance Analysis,* 72（4），pp.475-503.

Giuliani, G.（2015）"Are there any effects of the cash for care policy on female employment in Sweden?（Dissertation）. Retrieved from http://urn.kb.se/resol ve?urn=urn:nbn:se:su:diva-114094

Giuliani, G., & Duvander, A. Z.（2017）"Cash-for-care policy in Sweden: An appraisal of its consequences on female employment," *International Journal of Social Welfare,* 26(1), pp.49-62.

Heggemann,H.（2014）"Lägre inkomster bland föräldrar med vårdnadsbidrag," *Välfärd*（4）2014, pp.18-20.

Hiilamo, H., & Kangas, O.（2009）"Trap for women or freedom to choose? The struggle over cash for child care schemes in Finland and Sweden," *Journal of Social Policy,* 38(3), pp.457-475.

Konjunkturinstitutet（2008）*Fördjupning i Konjunkturläget januari 2008,* Konjunkturinstitutet.

Nyberg, A.（2010）"Cash-for-child-care schemes in Sweden: history, political contradictions and recent development,"In:J. Sipilä, K. Repo and T. Rissanen（eds.）*Cash for Child Care: The Consequences for Caring Mother,* Cheltenham, Edward Elgar Publishing, pp.65-88.

Schøne, P.（2004）"Labour supply effects of a cash-for-care subsidy," *Journal of Population Economics,* 17(4), pp.703-727.

Segendorf, Å. O., & Teljosuo, T.（2011）*Sysselsättning för invandrare: En ESO-rapport om arbetsmarknadsintegration.* Finansdepartementet, Regeringskansliet.

Sveriges Kommuner och Landsting（2010）*Kommungrupps-indelning2011 REVIDERING AV SVERIGES KOMMUNER OCH LANDSTINGS KOMMUNGRUPPSINDELNING.*

秋朝礼恵（2010）「スウェーデンの就学前学校におけるマックス・タクサ制度に関する一考察　その成立の背景と思想」『社学研論集』第 16 号，pp.74-89.

秋朝礼恵（2016）「所得の観点からみたスウェーデン中間層の変容―高負担型福祉国家の正統性と中間層に関する予備的考察―」『高崎経済大学論集』第 59 巻第 1 号，pp.31-40.

大岡頼光（2014）『教育を家族だけに任せない―大学進学保障を保育の無償化から―』勁草書房.

高林喜久生（2005）『地域間格差の財政分析』有斐閣.

宮寺由佳（2008）「スウェーデンにおける就労と福祉―アクティベーションからワークフェアへの変質」『外国の立法』第236号，pp.102-114.

渡辺博明（2015）「社会民主主義福祉レジーム・スウェーデンの所得保障と社会サービス」新川敏光編『福祉レジーム』ミネルヴァ書房.

議会資料，政府資料・報告書

　議会の動議Motionは脚注で出所を明示した．日本語，スウェーデン語，英語にかかわらず，頁数はpで表記した．

Regeringensproposition（Prop. 政府提案）.

Prop. 2006/07: 1, *Budgetpropositionen för 2007*.

Prop. 2007/08: 91, *Vårdnadsbidrag – familjepolitisk reform*.

Prop. 2014/15: 147 *Det kommunala vårdnadsbidraget avskaffas*.

Riksdagensprotokoll（Prot. 国会議事録）.

Prot. 2007/08: 115 Tisdagen den 20 maj.

Prot. 2015/16:29 Onsdagen den 18 november.

Statens offentliga Utredningar（SOU 政府報告書）.

SOU: 2012: 59 *Med rätt att delta Nyanlända kvinnor och anhöriginvandrare på arbetsmarknaden*.

Departmentsserien（Ds）.

Ds 2007: 52 *Vårdnadsbidrag Familjepolitisk reform*.

スウェーデン中央統計局（SCB）の報告書及び統計書.

SCB（2012）*Nyttjande av kommunalt vårdnadsbidrag. Statistik för perioderna 1 juli 2011–31 december 2011 samt helår 2011*. Stockholm, SCB.

SCB, Statistiska meddelanden. Be.

第3部　書　評

犬丸淳『自治体破綻の財政学―米国デトロイトの経験と日本への教訓―』

前 田 高 志

（関西学院大学）

　2007年に制定されたわが国の地方公共団体の財政の健全化に関する法律（以下，自治体財政健全化法と記す）は財政健全度の基準を設けて，事前，早期の財政健全化を行なわせるものであり，財政再生団体になった場合でも財政再生計画に基づいて債務を返済する「再生型破綻法制」であって，民事の破産手続きのような債務調整（債務整理）は前提とされていない。他方，米国では連邦破産法第9章において自治体の債務調整手続きが規定され，自治体が財政破綻した場合，債権者の債権回収が停止され，債務の削減や期限延長など整理計画が立てられる。2013年7月，ミシガン州デトロイト市が財政破綻し，2008年以降，米国内で続いた規模の大きな自治体の財政破綻のなかでも米国史上最大の破産（負債総額は180億ドルを超えた）として国内外の大きな注目を浴びた。同市は連邦破産法第9章の適用を申請し，債務計画の再編により70億ドル以上の債務を削減し，2013年11月，市の再建案を連邦破産裁判所が承認，12月に破産法に基づく保護の終了が発表され，1年5か月の破産手続きが完了している。

　このように自治体の財政破綻を未然に防ぐことに主眼をおくわが国の自治体財政健全化法と破綻後の円滑な再生をめざす米国の連邦破産法第9条には大きな違いがある。2003年から2007年頃にかけてわが国でも米国流の債務調整導入の議論が盛んになされ，現在も市場による財政規律の確保という視点からその導入を主張する考え方が一部に根強い。しかし，債務調整導入の是非については，実際の米国の自治体の財政破綻の背景や連邦破産法第9条の運用と再建プロセスの実態を分析した上で論じられねばならない。

そこで本書では，デトロイト市を中心に同市を含む2008年以降の5つの自治体の財政破綻自治体の財政破綻（破産）の事例研究を通して，再建プロセスとしての自治体破産手続きの実態がどのようになっているのかを明らかにし，わが国への債務調整導入の是非を検証しようとする。結論はわが国においては債務調整による事後的な問題への対処ではなく，財政破綻の原因レベルで事前に対処し，早期健全化と債務完済の徹底を特徴とする現行の自治体財政健全化法のスキームこそが相応しいというものである。その結論は，米国を含めこの領域での先行研究にはなかった2008年以降の米国の5つの地方自治体の財政破綻事例を詳細かつ包括的，体系的に分析し，わが国の夕張市の事例と比較研究した上で導出されているという点で極めて説得力に富む。

本書は4部15章（序章を加えると16章）で構成される。まず，第一部「自治体の財政破綻をめぐる日米の議論」では日米における自治体の財政破綻をめぐる従来の議論の整理がなされる。第1章「日本の自治体の財政破綻法制をめぐる議論」は，わが国における自治体の財政破綻法制に関する先行研究を整理し，その多くが債務調整の導入を主張しているが，その論拠が資金の貸し手がデフォルトのリスクをおそれて個々の地方自治体の財政状況を慎重にチェックするようになり，それが地方債の調達金利等に反映される過程を通じて自治体の財政健全化努力を促すという「市場による規律付け」に意義を見出していることを明らかにする。第2章「米国内の自治体の財政破綻をめぐる議論」では，米国内の自治体破綻に関する先行研究のサーベイがなされ，連邦破産法第9章による破産手続きをめぐっては，債務削減は財政破綻を原因レベルで解決するものではないという点で財政再建ツールとして有効でない，市場による規律付けについてもその効果が明確ではないなど，批判的評価が多いことが明らかにされる。また，州が自治体の財政危機に対処するために首長・議会の自治権停止を伴う強権的介入を行うことについて，財政再建と地方自治のバランスに関して議論があることが紹介される。

次に，第2部「デトロイト市の破綻と再建プロセス」では米国史上最大の破産自治体となったデトロイト市についての事例研究がなされ，まず，第3章「財政破綻の背景と破産申請の波紋」では，財政破綻の原因と，州知事による同市の財政危機宣言から知事が任命した緊急事態管理官によって破産申請がなされ

るまでの経緯が概観される。第4章「デトロイト市の破産手続き」では，具体的な破産手続きのプロセスと，公務員年金や一般財源保証債の前例なき債務削減により180億ドル超の債務のうち70億ドル以上を削減した債務調整計画の内容，連邦破産裁判所による計画承認のポイントが整理される。破産手続きは1年5か月という，他の事例に比して短期間で終了しているが，著者は連邦破産法第9条による強制的な債務削減は債権者の犠牲（損失）の上に成り立つものであり，財政破綻を市も州も未然に防止できず債権者に負担を押しつけたことはモラルハザードであると断じている。第5章「破産手続き終了後の再建プロセス」は，破産手続き終了後，州の設置した委員会の監視・監督の下で再建プロセスが順調に進み，地方債市場への復帰も市が法的先取特権の付与を講ずることで早期に好条件で実現するが，従来は地方債市場への復帰の困難さが破産申請の抑止力になっていたという意味で，破産申請のハードルが下がったことには放漫財政のモラルハザードの面から問題があると指摘する。

　第3部「ミシガン州内の地方自治と州の対応」は自治体の財政破綻に州政府がどのように関与・介入したのかが論じられる。第6章「ミシガン州内の地方自治制度」では，同州では早くから州憲法で自治体のホームルール（地方自治）権が認められ地方自治が尊重されていたが，デトロイト市民自らが起草・制定した自治憲章（地方自治体の基本法）が市長の意思決定権に制約を課し，それが効率的な行財政運営を妨げていたことが明らかにされる。第7章「州の強権的介入と地方自治の関係」では，財政再建と地方自治の関係が論じられる。2012年に成立した地方財政安定・選択法に基づき，緊急事態管理官が住民自治を具現した自治憲章に縛られずに行財政改革を断行した。市長と議会の権限，すなわち市の地方自治が停止されたことについて，著者は財政再建と地方自治のバランスにおいて問題があることを指摘する。

　第4部「近年の米国自治体の破綻事例」では，2008年以降の4つの自治体の財政破綻の事例研究が行われる。第8章のカリフォルニア州バレホ市は破産手続きにより労働協約を破棄し，労働協約改定により人件費の高騰は抑制できたが，年金の削減やレベニュー債等の元本削減という根本的な財政再建策はとられなかった。第9章のカリフォルニア州ストックトン市はリース・レベニュー債の担保価値に応じた元本削減を行ったが，連邦破産裁判所から年金削

減が可能であるとの判断が示されたにもかかわらず年金の削減は行われず，今後の財政運営に課題を残している。第10章のロードアイランド州セントラルフォールズ市は逆に破産手続きにおいて年金よりも一般財源保障債の保護が優先された事例である。第11章のアラバマ州ジェファーソン・カウンティの場合，破産手続きを通じてレベニュー債の大幅な元本削減が行われている。

　第5部「デトロイト破綻の特徴と日米比較からの教訓」では，2008年以降の5つの自治体の財政破綻（破産）の比較を通じてデトロイト市の破綻と再建プロセスの特徴を明らかにし，さらに同市と夕張市の再建手続きの対比により，米国の自治体の財政破綻の経験から日本が学ぶべき教訓を導出している。第12章「米国における自治体の財政破綻の背景」では，米国における自治体の財政破綻の背景として，①起債制限の抜け道の存在，州による早期是正措置の欠如，労働協約締結権の保障や公務員年金の保護などの法制度上の要因，②グレート・リセッションや郊外化の進行などの社会経済的要因，③不適切な債券発行や給与・福利厚生費の高騰，公選職による汚職などの政治行政的要因があげられる。デトロイト市にはこれらすべての要因が当てはまる事例であった。第13章「デトロイト市再建プロセスの特徴」では，デトロイト市の再建プロセスの特徴として，①大都市として初めて連邦破産法第9章を活用したこと，②破産手続きにおいて年金や一般財源保証債の前例なき債務削減を実現するとともに，グランド・バーゲン（民間慈善団体や州という第三者からの資金調達）などの創造的手法を活用したこと，③再建プロセスが異例のスピードで進行した一方で，多額の弁護士等費用や自治権の停止といった代償を支払っていること，が明らかにされる。デトロイト市の再建プロセスは，2008年以降の自治体破産手続きにおいて蓄積された手法に，独自の手法を加え，一層の進化を遂げたと著者は述べる。第14章「夕張市再建手続きとの比較」では，ミシガン州の財政再建制度には早期健全化の概念がなく，自治体の財政破綻を未然に防止できていないことや州が関与・介入を開始する基準が不明確であること，財政再建のために地方自治を犠牲にしている，といった問題点があることが指摘される。それに対して，わが国の自治体財政健全化法は，国等の関与が客観的な財政指標に基づいて行われていること，これまで財政健全化団体から財政再生団体へと財政状況を悪化させた地方自治体は存在せず，早期健全化の仕組みが有

効に機能していること，財政再建中の団体にも自治権が尊重されていること，といった点で，優れた制度であると著者は述べる。第15章「日本への教訓」では，前章までの分析結果をふまえ，日米の自治体財政再建制度の最大の相違点である債務調整導入の是非が論じられる。著者の主張は，米国の事例研究より明らかになったように，債務調整導入論の根拠となる「市場による規律付け」には限界があること，民間企業のような清算手続きのない地方自治体への債務調整導入の弊害，自治体の財政破綻に伴う有形・無形の様々なコストの存在などから，債務調整よりも早期健全化と債務完済の徹底や，財政再建と地方自治の両立を図ることが重要であるというものである。

　本書には二つの大きな学術的価値と貢献がある。一つは膨大な文献・資料（参考文献数約190，参考資料数約200）を丹念に読み解き，精緻な事例研究によって米国の自治体財政破綻と再建スキーム（連邦破産法第9章）の制度運用の実態と問題点を体系的，包括的に分析した（日米を通じての）最初の文献であることである。分析の中心をデトロイト市に当てたことは，単に同市の財政破綻の規模が大きかったということではなく，同市の財政破綻と再生プロセスが州主導の強権的で，それゆえに即効性のある債務調整であったという意味で特徴的かつ象徴的であり，その財政上，地方自治上のコストを含めて全体を俯瞰した論証は意義深い。

　いま一つの価値・貢献は，本書の副題にある「米国デトロイトの経験と日本への教訓」に関してである。著者がデトロイト市の財政破綻の分析から導き出した「教訓」は，債務調整によって生じる様々なコストの大きさと，債務調整による救済制度の導入は「市場による規律付け」を機能させるのではなく，その制度を利用しようというインセンティブを生じさせ，早期健全化への取り組みを遠ざける懸念があるということである。すなわち本書は，早期健全化と債務完済の徹底を特徴とするわが国の自治体財政健全化法が，デトロイト市をはじめとする米国の自治体の財政破綻からの教訓を先取りするものであることを明示している。債務調整導入論に対して米国の実態をふまえて明確に異を唱える本書はわが国における地方財政研究の分野での貴重な財産と言える。今後は本書の記述統計に加えて統計的手法による数量分析が加えられることで氏の研究がさらに発展することを期待したい。

なお，本書により著者の犬丸淳氏は関西学院大学より博士（経済学）の学位を授与されている。また，2018 年度の日本地方財政学会賞・佐藤賞を受賞しており，本書は学界でも高く評価されているところである。

＊犬丸淳『自治体破綻の財政学─米国デトロイトの経験と日本への教訓─』（日本経済評論社，2017 年）

小西砂千夫『日本地方財政史―制度の背景と文脈をとらえる―』

武 田 公 子

(金沢大学)

1. 本書の特徴と構成

　本書は，シャウプ勧告を起点とする戦後日本の地方行財政度の構築過程と，現在に至るまでのその変遷を丁寧に辿りつつ解き明かす意欲作である．叙述の特徴は，戦後日本において国と地方の行財政関係が構築され，変容していく諸局面について，主に自治省・総務省官僚の言説を手がかりとして制度の背景にある理念・思想を示そうとしている点にある．また，その際の叙述の方法として，地方財政制度全体を通史的にたどるのではなく，次のような構成をとっていることも本書の特徴である．

序 章 統治の論理として
第 1 章 制度の歴史的展開
第 2 章 法的な枠組み
第 3 章 財政調整制度――地方財政平衡交付金と地方交付税
第 4 章 地方財源の確保
第 5 章 地方交付税の算定
第 6 章 国庫支出金――事務配分との関係で
第 7 章 地方債
第 8 章 地方共同金融機関――公営企業金融公庫から地方公共団体金融機構
第 9 章 再建法制――地方財政再建促進特別措置法と自治体財政健全化法
第 10 章 災害財政
第 11 章 財務会計・開発財政・地方公営企業
第 12 章 内務省解体
終 章 制度運営のパワー・ゲーム

前記のように，本書は交付税制度，国庫支出金，地方債といったトピックス単位で，制度の原型形成とその変遷を追うという構成をとっている．例えば国庫支出金であれば，義務教育費国庫負担金の導入経緯とそれをめぐる議論，超過負担問題への対応，国庫負担率の引き下げ，三位一体改革等の諸点が取り上げられている．地方債の章では，起債許可制の導入をめぐる議論状況の整理から協議制・許可制へと移行していく過程が描かれる．むろん，これらの個別制度は相互に入り組んだ関係にある．特に交付税制度に関しては，そもそも国と地方の役割分担，国庫支出金における「裏負担」保障，地方債元利償還費の後年度交付税措置，臨時財政特例債等，他制度との関係を抜きにしては論じられない争点を含むため，章の間に多かれ少なかれ重複を避けることはできない．またそれゆえに，特に交付税制度に関しては3章，5章を中心に多くのページを割かざるを得ないということも肯けるであろう．

このような章構成をとることによって，各制度が制度構築時の議論をその後も引きずりつつ，その議論がどのような局面で再燃してきたか，あるいは当初の原理原則がどのような形で形骸化されてきたか，というような各制度の縦系列の動向がわかりやすく説明されることになる．

また，本書の構成を見渡せば，交付税制度がわが国の地方財政制度の結節点であるということを再認識させられる．シャウプ勧告との相克を経て国・地方の融合的な事務配分を選択したがゆえに，また行財政水準のナショナル・ミニマム形成を重視したからこそ，地方交付税は財源保障原理を徹底的に制度化したものとなり，その緻密さは他国に類を見ないものとなっている．その一方で，交付税制度は客観的・中立的なものであることを旨としつつも，「ときの政策課題に対応して，特定の支出にインセンティブを与える仕組みを盛り込」んできた（152頁）．それは財源対策債の交付税措置や事業費補正といった投資的経費の優遇，普通態様補正における行政改革の推進，臨時算定費における産業振興や雇用対策等，多くの点でみられることである．「地方交付税は，統治の手段として，目立たないように運用されることが得策である」（同上）との皮肉めいた叙述から，筆者がこれらの動向を苦々しく捉えていることが窺える．

なお，この構成でやや首を傾げるのは，第11章の位置づけである．公企業会計，財務会計が主として論じられているが，内容的には第9章の再建法制にかかる議論に密接に関わるため，間に災害に関する第10章を挟む意味が理解できない．また，第11章で言われる「開発財政」が指すもの——地域振興策が含意されているようだが——が，いまひとつ明確でないと感じられる．内務省解体経緯を論じる第12章の位置づけも，第1章でなくなぜ最後に置かれたのかがわかりにくいが，一通りの制度の経緯を振り返っての総括として再論されたということであれば理解できる．

2．官僚の言説と統治の論理

本書のもう一つの特徴は，冒頭に記したように，制度設計の理念やその背景にある考え方を，主として官僚の言説を通じて再構成しているという点にある．事実関係については，『改正地方財政詳解』を中心とする制度解説を丹念に読み解き，他方で『自治研究』『地方財務』『地方財政』といった自治省・総務省系の雑誌への官僚の寄稿を同時に参照しつつ，あるいはインタビューも行いつつ，制度変遷の背景にある思想や理念で跡付けるという叙述の方法は，かなり独特のように思われる．

筆者がこのような方法をとる意図は，「あとがき」で示されているように，「自治官僚による地方財政制度における内在的論理，言い換えれば，地方財政における統治の論理」を書き起こすこと，あるいは「当事者の背中に回って，同じ目線に立って同じものを見て，それを客観的に再現する」（407頁）ことにある．それは，制度設計・解釈運用の当事者としての証言というにとどまらず，彼らの思想・理念，政治的諸局面における苦渋の判断に関する回顧や悔悟をひっくるめての「官僚像」を描く試みでもあるように思われる．

こうした叙述の背景には，官僚に対する批判が高ずるなかで——むろん，それには理由があることも確かではあるが——，彼らの専門性が否定され，「大衆化の度合いを強めていく民主主義の暴走と，反知性主義に傾き，劣化する世論が政治決定に大きな影を落としている」（終章，400頁）という筆者の危機感がある．この点については評者も全く同意できる．

しかし他方で，このような官僚の言説に焦点を当てた叙述には，次のような

陥穽もあるのではないかと考えられる．すなわち，きわめて精緻に形作られているわが国の地方財政制度は，その難解さのゆえに，官僚の独擅場たることを許してしまっているということである．彼らは全国自治体の財政に関する各種情報を独占的に利用できる地位にあるが故の高みに立っている．このことは例えば，筆者が交付税制度に関連して次のように述べている箇所で感じ取られることである．

「地方交付税が実際にはどのように機能しているかについての理解が，地方交付税の交付を受けている側の地方自治体を含めて一向に深まらないことは大きな問題である．・・・交付税の算定が統治の論理そのものであって，わが国の戦後的な雰囲気のなかで，統治論を尊ぶという基本が見失われてきたことに依る．地方交付税は大衆の生活を支える手段ではあるが，大衆の感覚では理解できないという意味で，民主主義的ではなく，それゆえに正当な評価がされにくいという蹉跌がある．」（151頁）

確かに交付税制度は極めて難解であり，自治体職員でも財政部署に長年勤めた人でなければその仕組みを理解できないだろうし，ましてやそこから「統治の論理」に思いを馳せる人は稀だろう．しかし他方で，例えば新型交付税制度以降めっきり薄くなった『交付税制度解説』では包括算定経費の単位費用の根拠を知ることができなくなっていることにみられるように，官僚の側が理解されることを断念，ないし拒んでいるのではないかという気さえする．情報を独占することで統治の優位性を保とうとする意図があるのかとさえ訝ってしまう．「大衆」とは言わないが，せめて研究者が算定過程を跡付けられるだけの情報は公開されて然るべきであろうし，「統治」は彼らの閉じた世界でなされるべきものではない．それだからこそ透明性をもって「大衆」に対し制度の理念をはっきりと示していく努力が求められるのではなかろうか．「（交付税の）制度がどのような機能をもっているかの実態を知らしめるという意味で，人民裁判の被告にされない程度には，ある種のリテラシーを地方自治体の担当者と研究者の間で高める努力が必要である」（152頁）との指摘はもっともである．

3．シャウプ勧告における地方自治の理念型との相克

　さて，本書の個々の内容に立ち入って論評することは差し控えるとして，ここでは同書を貫く中心論点と思われる，地方自治・財政自治のあり方をめぐる攻防に焦点を当てておきたい．各章で取り上げる地方財政の個別分野において，繰り返し問われるのが，シャウプ勧告の理念と戦後地方自治制度におけるその受容如何，その後の制度変遷と理念からの乖離あるいは新たな理念への転換，という流れである．すべての問題がシャウプ勧告を起点として論じられているといってもよい．すなわち，シャウプ勧告における地方自治の理念型と，戦後日本における社会経済的および政治的現実との相克が，交付税制度，国庫支出金，地方債，災害財政等のそれぞれで問題になるわけである．

　このことは「昭和23年の地方財政法が国と地方の負担区分を定めた規範として確立され，シャウプ勧告によっていったんは否定されたものの，それを飲み込むかたちで再設定された」（212頁）という経緯によって説明される．中央政府と地方政府との分離的な役割分担，独立税主義と地方財政平衡交付金による財政調整・財源保障，国庫負担金の否定にみられる国の地方に対する関与の排除といったシャウプ勧告の純化された地方自治モデルが，戦後の日本における政治的・社会経済的現実，あるいは全国的な標準的行政水準の形成という喫緊の課題にはそぐわなかったということになる．

　このようなくだりを読んでいると，シャウプ勧告の評価をめぐって，島恭彦・藤田武夫両教授の間で交わされたいわゆる「島・藤田論争」を思い出す．シャウプ勧告における地方自治の理念を積極的に評価した藤田教授に対し，島教授は勧告の理念が前提とするところの諸条件，国と地方の対等な関係や地方の十分な財政力という条件を欠くがゆえに，平衡交付金が地方統制の手段となりかねないとの懸念を示した．この論争のなかで島教授は，中央政府に対する民主的な統制を前提とすれば中央集権と地方自治が相容れないものとは限らないということを示唆している．現代的な文脈に則して言い換えれば，行財政のナショナル・ミニマム保障を前提とした地方分権・地方自治というものを模索すべきではないかとの提起となろう．

　評者がこの論争を持ち出すのは，まさにこの論点が時と場所を変えて繰り返し登場しているからである．筆者は構造改革期における交付税縮小につい

て，「あたかも人民裁判の被告のように，地方交付税は構造改革の標的とされた．その結果，地方交付税は財源保障機能の縮小という方向性の下で，財源格差をあえて広げる制度改革が行われた」（151頁）としている．また，地方債を論ずる第7章においてではあるが，同時期の「地方分権21世紀ビジョン懇談会」の提言について，「地方自治体の財政運営のあり方に対して，市場による裁定を通じて健全な財政運営を促すというような市場主義改革の文脈に沿った改革を志向した」と断じた上で次のように鋭く批判している．「地方財政運営に関する文脈をまったく無視して，白地に理念的な仕組みを構築しようとしたともいえる．・・・地方財政計画による財源保障機能を廃止し，市場の論理に整合的であって，地域間格差の是正には現在よりはるかに冷淡な制度の実現をめざしている」（241頁）．このような市場原理主義的分権化論への警鐘は，終章における次の叙述でも繰り返し鳴らされる．「現代は，改革という名のポピュリズムと，反知性主義が政治的エネルギーを引きつけるという意味で，統治の論理がないがしろにされる懸念が，ますます高まった危険な時代である」（403頁）．

　つまり，市場原理主義的分化権論は，我が国の地方財政にとっては「第二の黒船」ではあるが，それがシャウプ勧告と異なるのは，現状を見ない単純かつ直感的な言説が世論を動かしてしまっているということである．この点は「大衆」のみでなく我々研究者にも無縁ではない．筆者のこのような舌鋒に触発されてということにもなるが，同書への書評という場を借りつつ，最後に地方財政研究の動向における筆者の懸念を記しておきたい．近年，特に若手研究者の学会報告や論文において顕著な傾向として，地方財政の制度を十分に踏まえることなく，表象として表れたデータのみを分析することに専心するものが多くみられる．このようなデータ分析を通じてある特定の傾向が明らかになったとしよう．その際この傾向を，個別の自治体が自由意志で選択したことの結果であるかのように解釈し論じられるのを見ると驚きを禁じ得ない．このような特定の傾向というものは，得てして制度が織り込み済みのものであったり，制度に組み込まれたインセンティブがそのように仕向けていたりするものであったりする．そもそもデータ分析に先立って基本的な制度を踏まえていればこのような問題設定は無意味だとわかるだろうと思われるものも少なくない．若手研

究者には，制度の詳細にわたった解説とその制度設計の理念を論じる本書のような研究にぜひ学んでほしいと思うところである．

＊小西砂千夫『日本地方財政史—制度の背景と文脈をとらえる—』(有斐閣, 2017 年)

第4部　学会報告

第18回　日本地方財政学会佐藤賞選考結果

委員長：武田 公子

　日本地方財政学会佐藤賞は，日本財政学に大きな寄与をされた故佐藤進氏の地方財政研究を発展させたいというご遺志に基づき，ご遺族からの寄付金により設けられたものである．日本地方財政学会はこの目的に沿うために，会員の地方財政，国と地方の財政関係，地域経済及び地方自治などの研究を奨励し，主として若手研究者の育成に寄与するため，これらの分野に関する優秀な著書，論文を選考して，それらに対して日本地方財政学会佐藤賞を授与することにした．

　2017年度は第18回の授賞であり，2017年1月から同年12月までの1年間に出版された図書・論文のなかから，全会員に推薦を依頼したところ，著者3点，論文2点が推薦された．うち著書1点は過去の受賞歴及び著者の年齢等を勘案して選考対象外とした．

　理事会より委託された上記6名の選考委員によって慎重な審査が行われた．審査の結果，全員一致で次の作品に第18回日本地方財政学会佐藤賞を授与することとした．

【著書の部】
・ 犬丸淳『自治体破綻の財政学―米国デトロイトの経験と日本への教訓』日本経済評論社，2017年，全486頁．

【論文の部】
・ 掛貝祐太「現代スイス財政における政府間財政調整制度改革（NFA）」『財政研究』第13巻，2017年，177-197頁．
・ Haruaki Hirota and Hideo Yunoue（広田啓朗，湯之上英雄）"Evaluation of the fiscal effect on municipal mergers: Quasi-experimental evidence from Japanese municipal data", *Regional Science and Urban Economics*, Volume 66, 2017, pp.132-149.

【選考委員会】
　　委員長：武田公子
　　委　員：赤井伸郎，井手英策，川瀬光義，高端正幸，西川雅史

著書の部：犬丸淳『自治体破綻の財政学─米国デトロイトの経験と日本への教訓』

　米国ミシガン州デトロイト市は2013年に連邦破産法第9章に基づく破産申請を行ったが，その負債総額は180億ドルを超えるもので，米国史上最大規模の自治体破産事例となった．同書は副題にあるように，デトロイト市の破産および財政再建のプロセスに重点を置いて，その背景・原因，破産手続きに至る争点やガバナンス，債務調整の具体的内容，地方債市場への復帰に至る過程等を丹念に調査し，分析している．

　ここで明らかにされているのは，米国における自治体破産の要は債務調整であり，破産プロセスの最大の課題は債務調整計画の策定，利害関係者の異議申し立て，これらを踏まえての連邦破産裁判所での審理をどうクリアするかである．デトロイト市でこの鍵を握ったのが，緊急事態管理官の任命と市長・議会からの全面的な権限委譲，すなわち自治の停止であった．また，債権者はデトロイト市の場合，地方債等の債権を保有する金融機関や個人だけでなく，むしろ年金基金や退職者医療保険の債務が約半分を占めるほか，人件費削減等をめぐって現役職員の利害代表としての労働組合との交渉も必要となる．連邦破産裁判所は各種の利害を調整しつつ，いわば超法規的な権限をもって債務調整の決断を下すことになるわけである．同書はこの複雑なプロセスを手際よく整理し，連邦破産法や米国の政府間関係，ガバナンスのあり方等の解説を挟みつつ丁寧に説明している．

　また同書の分析はデトロイト市にとどまらない．カリフォルニア州バレホ市，同ストックトン市，ロードアイランド州セントラルフォールズ市，アラバマ州ジェファーソン・カウンティ等，同じく連邦破産法第9章に基づく破産事例をも取り上げ，比較を行っている点に大きな意味がある．これは，連邦破産法の適用可否および適用方法が州法によって異なり，米国各自治体の破産は一律には論じられないという事情があるためである．同書は各自治体におけるガバナンスのあり方，州の介入の強弱，債務調整の内容等のポイントを踏まえてこれらの事例を整理しており，それによってデトロイト市の事例を相対化することにも成功している．

　さらに同書において特筆すべき点は，この破産制度＝債務調整の存在が自治体の財政運営における規律の緩みをもたらす側面を説得的に描いている点である．日本においても自治体破産法制の導入を示唆する議論はあり，破産制度が「信用ある脅し」として自治体の財政運営に規律を与え，財政破綻を未然に防ぐと主張する．しかし米国の事例が明らかにするように，自治体の破産処理はつまるところ借金の棒引きを認める自治体救

第18回　日本地方財政学会佐藤賞選考結果　　　159

済制度であり，有利な救済条件を引き出すための州に対する「脅し」となっているとの
筆者の指摘は正鵠を得ている．

　その一方で，選考委員会では以下のような課題も指摘された．第一に，破産に至る事
実関係の叙述に力点が置かれるあまり，制度解説に終始する観があり，例えば自治体破
産に至る社会経済的背景（財産税の急減，歳出膨張要因の分析），公務員の年金・退職
者医療等の債務調整がもたらす影響などの叙述で，もう一歩考察を深めてほしいと思う
ところがある．第二に，夕張市事例あるいは日本の財政健全化制度との比較に関する考
察の部分では，財源調達や起債，連邦・州との関係，債権者の性格等に関する彼我の相
違があまりに大きすぎ，日本への示唆を引き出す章では考察が中途半端に終わっている
観が否めないことである．とはいえこれらの課題は同書の地方財政分野における貢献を
減ずるものではない．

論文の部：掛貝祐太「現代スイス財政における政府間財政調整制度改革（NFA）」

　連邦国家スイスにおいて，NFA と呼ばれる連邦—州間財政調整制度改革が，1990 年
代に検討され，2000 年代に実現した．同論文は，一次資料を豊富に用い，NFA をめぐ
る政策形成のプロセスを丹念に追跡することにより，連邦と州，および州間における利
害関係が調整され，最終的な改革に結びついていった過程から，改革の性格を浮き彫り
にすることを試みた．

　スイスは，半直接民主主義とも称される国民投票制度の存在，課税権を含む州政府の
権限の強さ，人口の少ない州の強い拒否権をともなう全州議会（下院）の存在などの点
において，特徴的な政治制度および政府間関係を有している国である．こうしたある種
多元的なシステムにおいて，重要な制度変更に関する合意を形成するために，同国では
利害関係者の意見を事前に聴取する「事前聴取制」や，州間組織における合議など，合意・
協調を確保するための重層的・分散的な政策決定プロセスが用意されており，NFA の
政策形成もそうしたプロセスを通じて進行した．

　財政緊縮志向を背景に，連邦財務省や州財務大臣委員会（FDK）主導で提案された
当初の NFA 構想は，簡素化・効率化と連邦負担の削減を基調としていた．しかし，「事
前聴取制」の実施や，州の利益を代表する組織の FDK から州政府会議（KdK）への移
行がみられた 1996 年以降，合意形成が図られる過程において，各州の自己利益の噴出，
そして連邦を含めた利害関係者間の対立の顕在化が進んだという．特に著者は，KdK
の果たした主導的役割に着目することによって，NFA の性格を説明する．すなわち，
全州の利害調整の場としての KdK が，財政力の弱い州の利益を擁護する立場をとった
ことにより，NFA の最終的な成案に財政力の弱い州への配慮が組み込まれたのである．

　同論文は，先行研究で未活用であった各種会議・委員会議事録など一次資料を発掘し

たうえで,「多元的利害を調整し国家的紐帯を維持する」という財政調整制度の基本問題に関わる普遍的な問題に,スイスの事例をつうじて取り組んだ.小国であるうえ,政治制度の特殊性や言語・文化的多様性を内包することもあり,日本におけるスイス財政研究は非常に手薄であった.これに果敢に挑戦し,財政調整制度の基本問題に関わるNFAの政策形成過程を明らかにすることにより,スイス財政研究と政府間財政関係一般に関する研究の双方に対し,明確な貢献をなすものであると,本論文を評価することができる.

ただし選考委員会では,NFAの全体像や,NFAがスイスの政府間財政関係に結果として与えた変化などが示されていない点が,課題として指摘された.NFA前後における州間財源配分の定量的変化や,財政調整制度の前提となる政府間事務配分の特徴とNFAとの関係などが,たとえ簡潔であっても視野に収められていれば,政策形成過程を解釈するうえでも有益であったはずである.

とはいえ,読み手に予備知識を求めにくいスイスの事例について,限られた紙幅で説明し尽くすことはもとより容易ではない.若手の手による同論文が,今後,より包括的なスイス政府間財政関係研究へと発展していくことを期待したい.

論文の部:Haruaki Hirota and Hideo Yunoue "Evaluation of the fiscal effect on municipal mergers: Quasi-experimental evidence from Japanese municipal data."

「平成の大合併」により地方自治体はさまざまな影響をうけ,自治体の財政運営も大きく変化した.この外生的なショックは,自治体の行動を検証する上で非常に役立つ多くの情報(計量経済学的な意味での技術的有利性)を提供してくれている.そのため,平成の大合併に着目した良質な研究が幅広く行われてきている.昨年度佐藤賞を受賞した論文も,この自治体合併における自治体行動に関する分析であったが,本年も同領域の論文が選ばれたのは偶然ではない.

市町村合併に参加する自治体においては,合併前の起債による歳出の便益は主として当該自治体に帰するのに対して,その償還費用は合併後自治体全体でシェアされるというコモンプール問題が生ずると考えられる.同論文は,コモンプールをインセンティブとする地方債発行の増加を,バイアスのないデータを用いて手順を追って丁寧に検証し,想定どおりの結果を得ている.

選考委員会では,同論文は特に次の点で評価された.第一に,先行研究とは異なり,サンプルセレクションバイアスの問題を取り除いたデータを用いたことである.同論文では,PSM(Propensity Score Matching)の手法を用いて,合併した自治体と同様の特性を持つ非合併自治体との比較を行っている.PSMの手法には,①全合併自治体に

おいて，特性がもっとも似ている非合併自治体と比較する方法，②合併・非合併間の自治体特性の差が一定の範囲内に留まっているサンプルだけを用いる方法，③合併自治体に対して，特性の差の大きさに応じて加重平均をした非合併自治体を用いて比較する方法などがあるが，同論文ではこれら全ての方法を用いてサンプルセレクションバイアスの除去を試み，丁寧に検証を行っている．

　第二に，合併時に相対的に小規模な自治体（吸収合併される自治体）に着目して，その効果を検証したことである．合併時に相対的に小規模な自治体ほど，合併前に起債した地方債の償還費用をコモンプール化するメリットが大きいことから，より顕著な効果があると確認された．

　平成の大合併では，合併後の多様な財政措置により，合併自治体の財政が肥大化したと指摘されているが，それに加えて，合併前自治体の起債行動によっても，合併自治体の債務が増加したことが，信頼できるデータからも導出されたことになる．

　他方で同論文では，合併前の起債の増加が，同論文が想定するコストシェアの結果であるという点までは特定できていないのではないかという疑問もある．例えば合併協議の中で相互に合意されたものもあり得ることや，合併後には合併自治体での合意が得られないと予想されるものを合併前に起債した「駆け込み起債」であるとの解釈もありうる．また，過疎法の改定による過疎債起債インセンティブや臨財債の導入といった地方債をめぐる当該時期の特殊事情が念頭に置かれているかどうかも不明である．とはいえこれらの点は著者に対する今後の期待を含む要請であり，同論文の評価を損なうものではない．

学会記事

林　宏　昭
(関西大学)
諸　富　徹
(京都大学)

1　記　事

　日本地方財政学会第26回大会は，2018年6月2日（土）・3日（日）の2日間にわたり甲南大学（岡本キャンパス）で開催された（担当：永廣顕理事）．本大会では，1日目にシンポジウム「大都市圏域における自治体経営のイノベーション」が開催され，久元喜造氏（神戸市長）が「大都市財政における受益と負担のあり方に関する私見」の基調講演を行った．それに続いて，赤井伸郎氏（大阪大学教授）をコーディネーターとして，上村敏之氏（関西学院大学教授），加藤恵正氏（兵庫県立大学教授），北村亘氏（大阪大学教授），吉井真氏（神戸市参与（前みなと総局長））をパネリストとしたシンポジウムが行われ，大都市圏域の自治体経営と今後の展望に関して様々な角度からの検討がなされた．

　上記以外では，1日目に「日韓セッション」，「所得再分配」，「地方制度」，「地域経済」の4セッションで10本，2日目の午前には「地方税」，「地方債」，「公共資本」，の3セッションで9本，2日目午後には「介護保険」，「教育」，「自由論題」の3セッションで9本の報告が行われた．

　6月2日（土）・3日（日）に開催された2018年度第1回理事会および会員総会で，以下の点について報告がなされ，審議・決定が行われた．

　（1）入退会者について

　11名の入会者，2名の復会者，30名の退会者が承認された．

　（2）佐藤賞について

　武田公子理事（佐藤賞選考委員長）より第18回佐藤賞選考結果についての報告がなされた．詳細は本学会報告の「日本地方財政学会佐藤賞選考結果」を参照されたい．なお，選考会議はスカイプ上で行い，概ね問題なく進行したこと，選考委員は内規では1年交替であるが，運用上では理事会交替時までの3年務めていただくことについて報

告があった.

（3）年報について

池上岳彦理事より以下の報告があった.

第 25 号「地方財政の四半期を問い直す」（2018 年 2 月 25 日刊行）をもって勁草書房からの刊行の最終号となった. 研究論文には 8 本の応募があり 3 本が掲載, 書評は 4 本が掲載された.

次号第 26 号より, 五絃舎からの出版となる. 今年は研究論文に 13 本の事前ペーパー提出があった.

（4）来年度の大会について

赤井伸郎理事より, 第 27 回大会は 2019 年 6 月 1 日・2 日に新潟大学を当番校として開催予定であることが報告された.

また, 次回大会校の鷲見英司理事よりご挨拶があった.

（5）2017 年度決算報告について

関口智理事より 2017 年度決算について報告があった. 決算では繰越金が増えたことについて, ①前年度の和光大学大会からの収入の戻し, ②佐藤賞選考委員会をスカイプミーティングで行ったことによるコスト減, ③業務委託費の予算を料金引き上げに基づいて組んだことに対して実際の請求は引き上げ以前の額面であった, などによるものと報告がなされた. 今後は, 安定基盤資金（佐藤賞基金口座の預け金）400 万円に 5 年間で 20 万円ずつ返金し, 500 万円に戻すことが目標とされた.

続いて, 森裕之監査より, 監査に関しては問題ない旨の報告があった.

（6）国際交流について

沼尾波子理事より以下の報告があった. 韓国地方財政学会との交流が継続しており, 本年大会時の日韓セッションにも 8 名が参加している. また, 9 月 14 日・15 日の韓国での大会に日本から 2 名の参加を依頼されている.

（7）財政収支改善策等の提案に関して

江川雅司理事長より, 財政収支改善策について以下の提案があり, 審議, 了承された.

財政収支改善策としては, 安定基盤資金からの取り崩し 100 万円を 5 年間で返済することに加え, 佐藤賞運営費 40 万円と事務委託費の値上がり見込み分 50 万円を合わせ, 毎年度 110 万円の収支改善を目標とする.

この 110 万円のうち, 30 万円は前年度までの見直しで経費削減, 55 万円は年報の版元を勁草書房から五絃舎に変更したことによるコストカットで対応済みである.

残りの 25 万円については大会参加費を徴収することでカバーするものとし, 大会開催補助金を 120 万から 90 万に減額する代わりに, 大会校は参加費を徴収して収入とする. 当面は最大 2,000 円（事前支払の場合）の徴収を原則とし, 事前支払と当日支払

に差額を設けてもよい．また，プログラムは印刷物として作成しなければならないものとするが，報告要旨集を印刷物とするかどうかは大会校に一任する．また，第18回以前の大会のプログラムと要旨集は現時点では閲覧できないため，別途相談する．

大会収支が赤字になった際には，学会側が30万円を上限として補填する．

その他の改善策として，①会員（特に日本財政学会会員）の勧誘，②会員から寄付金を募る，③大会開催時に出版社のテナントを開設して出展料を徴収する，④各理事が1名以上の会員を勧誘，これらの4案が常任理事会に一任された．

(8) 2018年度予算について

(7)の財政収支改善策を踏まえて，関口理事より2018年度予算について報告がなされた．

財政状況を明確にするため，特別会計として「安定基盤基金」，一般会計上にも「安定基盤基金への繰入」を新設した．向こう5年間は，一般会計からの繰入として20万円ずつ計上していく．

年報購入費・送料等が前年の207万円から150万円に減額，学会開催補助金も120万円から90万円に，国際交流費も渡航人数を減らすことによって30万円から20万円に減額．結果，予算上はわずかながらプラスになる見込み．

業務委託費は前年度と同額で計上，ガリレオとの今後の折衝は常任理事会に一任される．

(9) 学会報告辞退の取り扱い

江川理事長より，報告者辞退に関する扱いの件では，報告者募集の際に以下の文言を注記することについて提案があり，了承された．

「プログラム申込み後の報告取り下げは，原則，認めておりません．万が一，特段の由もなく報告を取り下げた会員は，次年度開催する大会で報告できる権利（単独・共同報告者とも）を喪失することになりますのでご注意ください．」

(10) 会則追記

江川理事長より，会則に，休会制度の追加が認められた．会則第16条を新設して，以下の文言を追加する旨提案があり，了承された．

「第16条　在外研究中等の理由により会員活動を休止したい会員は，2年度を限度に休会することができる．その際，会費を免除とするが，『研究叢書』等の通常のサービスを受けることができない．なお，休会期間が満期した際には，自動的に復会する．休会期間の延長を希望するときは，再度，休会を申請する．」

2　第26回大会（甲南大学）プログラム

(1) 日韓セッション【地方の税源偏在と税制改革】(6月2日)

座長：沼尾波子（東洋大学）

① ソ・ジョンソップ（韓国地方行政研究院），イ・ジャンウック（韓国地方行政研究院），
　　パック・ビョンヒ（国立順天大学）「韓国における財政分権の推進方向および課題」
② チェ・ビョンホ（国立釜山大学）「韓国における地方分権政策と地方税制改革の課題」
③ 関口智（立教大学）「日本の地方税制改革と財源保障」
　　討論者：林宏昭（関西大学）
（2）所得再分配（6月2日）　座長：星野泉（明治大学）
① 古市将人（帝京大学）「歳出削減下のスウェーデンにおける地方政府の再分配政策
　　の分析〜1991年以降の自治体財政と自治体別所得格差に注目して〜」
　　討論者：藤岡純一（関西福祉大学）
② 河野惟隆（元筑波大学教授）「地方公共サービスへの追加補助と世代間所得再分配」
　　討論者：沢井勝（奈良女子大学名誉教授）
（3）地方制度（6月2日）　座長：赤井伸郎（大阪大学大学院）
① 田中宏樹（同志社大学）「公立学校教員給与と組合〜都道府県データを用いた実証
　　分析〜」
　　討論者：石田三成（琉球大学）
② 米岡秀眞（山口大学），石田三成（琉球大学）「地方自治体の不祥事に関する実証
　　分析〜効率賃金仮説の根拠となる理論モデルの違いに着目して〜」
　　討論者：川崎一泰（東洋大学）
（4）地域経済（6月2日）　座長：関耕平（島根大学）
① 江成穣（立命館大学大学院＊）「公的資金の地域経済への影響に関する研究〜長野
　　県飯田下伊那地区を事例に〜」
　　討論者：入谷貴夫（宮崎大学）
② 藤原遥（一橋大学大学院＊）「帰還政策と復興財政」
　　討論者：桒田但馬（岩手県立大学）
③ 全明（滋賀大学大学院＊）「中国における公的就業者年金制度の地域間格差」
　　討論者：曹瑞林（立命館大学）
シンポジウム「大都市圏域における自治体経営のイノベーション」（6月2日）
　　基調講演者：久元喜造（神戸市長）「地方自治体の受益と負担の関係について」
　　コーディネーター：赤井伸郎（大阪大学）
　　パネリスト：上村敏之（関西学院大学），加藤恵正（兵庫県立大学），北村亘（大阪
　　　　　　　　大学），吉井真（神戸市参与（前みなと総局長））
（5）地方税（6月3日）　座長：橋本恭之（関西大学）
① 高橋勇介（京都大学），小嶋大造（京都大学）「ふるさと納税は寄附か〜ソーシャル・
　　キャピタルの視点からの実証分析〜」

討論者：西村宣彦（北海学園大学）

② 八塩裕之（京都産業大学）「年金課税強化が市区町村の個人住民税課税ベースに与える効果〜2006年度税制改正のケース〜」

討論者：宮﨑毅（九州大学）

③ 松井克明（立教大学大学院＊）「米国インディアナ州の2007年企業課税改革〜課税ベースをめぐる議論を中心に〜」

討論者：小泉和重（熊本県立大学）

(6) 地方債（6月3日）　座長：中野英夫（専修大学）

① 後藤剛志（大阪大学大学院＊），赤井伸郎（大阪大学大学院）「Strategic intertemporal allocation of regions in the Model with Spillovers and Mergers」

討論者：小林航（千葉商科大学）

② 鈴木崇文（東京大学大学院＊）「自治体間の課税ベースの重複が市場公募地方債の応募者利回りに与える影響」

討論者：田中宏樹（同志社大学）

③ 宮下量久（拓殖大学）「過疎対策事業債の発行要因に関する実証分析」

討論者：中野英夫（専修大学）

(7) 公共資本（6月3日）　座長：森裕之（立命館大学）

① 樺克裕（青森公立大学）「日本の社会資本老朽化の検証〜都道府県別部門別社会資本の除却額の推計によるアプローチ〜」

討論者：竹本亨（帝塚山大学）

② 竹本亨（帝塚山大学），赤井伸郎（大阪大学大学院），沓澤隆司（政策研究大学院大学「コンパクトシティが自治体財政に与える影響」

討論者：鷲見英司（新潟大学）

③ 南聡一郎（社会科学高等研究院 日仏財団パリ日仏高等研究センター（CEAFJP））「地方交通財政の現実と理論に関する展望」

討論者：井手英策（慶應義塾大学）

(8) 介護保険（6月3日）　座長：高端正幸（埼玉大学）

① 奥愛（立教大学大学院＊）「高齢化・人口減少地域の介護保険財政〜岩手県中部圏域を中心に〜」

討論者：佐々木伯朗（東北大学）

② 工藤千尋（大阪大学大学院＊）「介護事業者密度と介護サービス需要の関係性〜予防給付や地域密着型サービス導入に伴う変化〜」

討論者：中澤克佳（東洋大学）

③ 市川樹（横浜国立大学大学院＊）「介護保険財政における施設介護から在宅介

護への転換の取り組み」

　　討論者：松岡佑和（武蔵野大学）

(9) 教育（6月3日）　座長：西垣泰幸（龍谷大学）

① 吉弘憲介（桃山学院大学）「地図情報システムを用いた公共施設分析～大阪府内の
　　公立図書館を材料として～」

　　討論者：吉田素教（大阪府立大学）

② 根岸睦人（新潟大学）「戦前期日本の地方税改革の一側面～大阪市と神戸市の学区
　　廃止問題と家屋税改革を事例として～」

　　討論者：篠原正博（中央大学）

③ 中島剛（大阪大学大学院＊）「国立大学における運営費交付金と寄附金の実証分析
　　～クラウディング・インの検証～」

　　討論者：齊藤仁（神戸国際大学）

(10) 自由論題（6月3日）　座長：金坂成通（大阪商業大学）

① 渡邉高広（大阪大学大学院＊），赤井伸郎（大阪大学大学院）「Multi-commitment
　　of regional policy with spillover and ex post fiscal transfers」

　　討論者：東裕三（釧路公立大学）

② 藤木秀明(大和大学)「地方自治体におけるPPP(公民連携)とCSV(共有価値の創造)
　　の関係についての一考察」

　　討論者：大島誠（横浜市立大学）

③ 藤井隆雄（神戸市外国語大学）「固定相場制と財政規～ Synthetic Control Methods
　　による実証～」

　　討論者：平賀一希（東海大学）

　　　　　　　　　　　　　　　　　　　　　　　　　　　（＊印は大学院学生）

『日本地方財政学会研究叢書』第 27 号 投稿論文募集のお知らせ

　日本地方財政学会では，『日本地方財政学会研究叢書』第 27 号（2020 年 3 月発行予定）への投稿論文を募集しています．投稿を希望される会員は，以下の要領で原稿を編集委員会までお送りください．

　なお，投稿を希望される会員は，「事前フルペーパー」・「審査申込書」（大会開催前）と「フルペーパー（最終版）」・「審査申込書（最終版）」（大会開催後）を，添付ファイルにて，編集委員会宛てに送っていただくことになります．この点をお含みおきください．

『日本地方財政学会研究叢書』編集委員会

委員長　池上　岳彦

投稿論文募集要項

　本叢書への投稿希望者は，下記要領を参照のうえ投稿してください．下記の「審査申込書」は，日本地方財政学会ウェブサイト上からダウンロードしてください．

1．「事前フルペーパー」及び「審査申込書」を「2019 年 5 月 29 日（必着）」迄に，「g017jilf-editorial@ml.gakkai.ne.jp」へ「Word ファイル」を添付する形でお送りください．但し，期日厳守ですので，いかなる理由があろうとも，締切日以降の「事前フルペーパー」の受け付けは行いませんので，ご注意ください（到着確認の返信を行いますので，ご確認ください）．

2．「事前フルペーパー」を提出しない報告予定会員は，投稿資格を失います．

3．第 27 回大会終了後，「事前フルペーパー」を提出した報告予定会員のうち，『研究叢書』第 27 号への掲載を希望される会員は，加筆修正後の「フルペーパー（最終版）」及び「審査申込書（最終版）」を「2019 年 6 月 30 日（必着）」迄に，「g017jilf-editorial@ml.gakkai.ne.jp」へ「Word ファイル」を添付する形でご送付ください．期日厳守ですので，いかなる理由があろうとも，締切日以降の「フルペーパー」の受け付けは行いませんので，ご注意ください（到着確認の返信を行いますので，ご確認ください）．

『日本地方財政学会研究叢書』第 27 号投稿論文募集のお知らせ　　　169

4．投稿論文の文字数は「20,000 字（図表・注・参考文献・論題・氏名を含む）以内」（厳守）です．但し，本文 20,000 字以外に，本文の前に「要旨（600 字以内）」及びキーワード 3 個を掲載してください．1 ページ当たり 35 字×30 行で設定し，図表は 1 枚当たり 500 字で換算します．より詳しくは，この「お知らせ」に続いて掲載している「原稿執筆・提出要項」をご覧ください．

5．投稿者は，(1) 氏名，(2) 所属，(3) 住所（郵便番号も記入），(4) 電話（連絡先），(5) メール・アドレス等を，別添「審査申込書」に記載して投稿論文とともに提出してください．

6．投稿論文は，複数の査読者に依頼し，編集委員会の責任により採否を決定して，結果を通知します．

7．『研究叢書』への掲載が決定された投稿論文の著作権は，日本地方財政学会に帰属します．『研究叢書』への掲載決定後は，本学会の承諾なしに，当該論文を他の機関誌等へ転載することを禁じます．

以　上

原稿執筆・提出要項

『日本地方財政学会研究叢書』編集委員会

委員長　池上　岳彦

　投稿には，本学会の年次大会での報告，及び「事前フルペーパー」・「フルペーパー（最終版）」・「審査報告書」（2 回）の提出が必要となります．

1．デジタル・データによる原稿の提出とファイルの形式
- 　原稿の執筆は，原則として PC にて行い，作成したデジタル・ファイルを編集委員会宛の メールに添付して提出してください．提出先のメール・アドレスは，「g017jilf-editorial@ml.gakkai.ne.jp」です．
- 　デジタル・ファイルの形式は，提出時にメールに明記して編集委員会にお知らせください．①マイクロソフト社の Word，②ジャストシステム社の一太郎，③各種 TeX エディタ であれば，そのままのファイル形式で入稿することが可能です．どうしても特殊なファイル形式を希望する場合はご相談をいただくことになりますが，ご希望に添うことはほぼ難しいとお考えください．したがって，特殊なソフトをお使いの場合，作成後に上記 3 ファイル形式のいずれかに変換した上でお送りいただくことになりますので，あらかじめご了承ください．
- 　論文に図表がある場合は，マイクロソフト社の Excel のファイル形式にてご提出いただくことになります．図表の表示等については，下の「3」をご覧ください．図表を文章ファイルに貼り込んで（ペーストして）いただいても構いませんが，その場合も図表のファイル（Excel ファイル）を別途ご提出いただくことになります．

2．文章の記述と体裁
- 　原稿の文字数は，20,000 字（図表含む：400 字詰め原稿用紙 50 枚で換算）以内です．文章を作成される際は，ご自身の慣れたページ設定で構いませんが，参考までに，刊行される書籍のページ設定は次の通りです．
  - → 1 ページあたり 35 字 ×30 行．
  - →「節」は「前後 1 行空き」，「項」は「前 1 行空き」．

- 「節」や「項」の区切りは次のように統一しますので，これに従って記述してください．

     節 → 1.

     項 → 1.1

     以下，(1)，(a)，(ア)の順ですが，できる限り (1) までにしてください．
- 本文中で列挙を行う場合，できる限り①，②，③，…を使用してください．
- 文章の叙述は，特別な場合を除き「常用漢字」，「現代仮名づかい」を使用して，平明な表現を用いるように心がけてください．
- 数字は原則として「算用数字」を用いて「半角数字」で記述し，「3桁ごとに区切り」を入れてください．また，「兆」・「億」・「万」の単位を入れてください．例えば「1億2,345万円」のようになります．
- 外国語については，半角文字で記述してください．各単語のアタマを大文字にするか小文字で記すかといった点は，各自の研究対象としている国の慣例に従ってください．

3．図表の表記とレイアウト等

- 図表のナンバリングについては，図と表を区別して，「図」・「表」とし，「図」と「表」ごとに「通し番号」と「それぞれの表題」をつけてください．

    （例）「図1　○○○○」，「表1　○○○○」．
- 図表の大きさと原稿文字数との関係は，書籍として刊行された状態をイメージして，図表の大きさが半ページ相当であれば文字数 500 字，1ページ相当であれば文字数 1,000 字と換算します．つまり，半ページの図表を入れる場合，執筆できる文字数が 500 字減るので，注意してください．
- 図表には，依拠した資料の出所を「(資料)○○○○．」と記してください．論文などから引用した場合はページ番号も付してください．執筆者が統計書などから作成した場合は「(資料)○○○○より作成．」と記してください．
- 備考を付したい場合，(注) 1)，2)・・・のように表示してください．

（例）

表1　○○○○○○○○○○○

	○○○○○	○○○○○	○○○○○
○○○○○	XXX,XXX,XXX	XX,XXX,XXX	XXX,XXX,XXX
○○○○○	XX,XXX,XXX	XXX,XXX,XXX	XX,XXX,XXX

(注) 1)○○○○○○○○○○○○○○○○○○○○○．

    2)○○○○○○○○○○○○○○○○○○○○○．

(資料)○○○「○○○○○○○○」より作成．

- 図表は「1」に記したように，文書に貼り込んでいただいても構いませんが，文章ファイルとは別に，Excel ファイルをご提出ください．文章への貼り込みの如何にかかわらず，図表の挿入を希望する場所を，原稿に赤字でご指定ください．

 ただし，図表の挿入場所は，印刷レイアウトの段階で技術的な制約のために，ご希望通りとならない場合が多く，校正の際に場所の変更を希望しても，そうならない場合がほとんどです．あらかじめご了解ください．

4．注・引用，参考文献の記述

- 注は，「脚注」，「略記」にて作成してください．つまり，注における文献の記述は，「執筆者名（年，ページ）」もしくは「（執筆者，年，ページ）」となります．ただし，本文中に文献名を記述していただいても構いません．

- 参考文献は，論文末に一括掲載してください．文献の表記は，上記の注との関連から，次のように出版年を先に記述してください．

 （例）　和文書籍：○○○○（19XX）『書名』出版社．

 　　　　和文論文：○○○○（20XX）「論文名」『雑誌名』巻号，pp.XX-XX.

 欧文書籍：Xxxx, X. (19XX) *Xxxx Xxxx Xxxx*, City: Publisher.

 欧文論文：Xxxx, X. (20XX) "Xxxx Xxxx Xxxx," *Xxxx Xxxx Journal*,

 　　　　　Vol.XX, No.X, pp.XX-XX.

以　上

『日本地方財政学会研究叢書』編集委員会
（○は委員長）
○池上岳彦（立教大学経済学部教授）
　川瀬憲子（静岡大学人文社会科学部教授）
　髙端正幸（埼玉大学大学院人文社会科学研究科准教授）
　玉岡雅之（神戸大学大学院経済学研究科教授）
　西川雅史（青山学院大学経済学部教授）

大都市圏域における自治体経営のイノベーション
〔『日本地方財政学会研究叢書』第 26 号〕
2019 年 3 月 25 日　第 1 版第 1 刷発行

編　者　日本地方財政学会
発行者　長　谷　雅　春
発行所　株式会社 五　絃　舎
173-0025　東京都板橋区熊野町 46-7-402
振替 00180-0-62221
電話・Fax 03-3957-5587
印刷・製本：モリモト印刷
©NIHON CHIHO ZAISEI GAKKAI　2019

ISBN978-4-86434-094-6　　Printed in Japan

　本書の無断複写は著作権法上での例外を除き禁じられています.
＊ 落丁本・乱丁本はお取り替えいたします.

日本地方財政学会編　日本地方財政学会研究叢書

1	分権化時代の地方財政	14	三位一体改革のネクスト・ステージ
2	税制改革の国際比較	15	地方財政の破綻と再生
3	現代地方財政の構造転換	16	地域経済再生と公・民の役割
4	高齢化時代の地方財政	17	地方制度の改革と財政問題
5	地方分権と財政責任	18	地方財政の理論的進展と地方消費税
6	地方財政改革の国際動向	19	地方分権の10年と沖縄，震災復典
7	環境と開発の地方財政	20	大都市制度・震災復典と地方財政
8	財政危機と地方債制度	21	政令指定都市・震災復興都市財政の現状と課題
9	地方財政のパラダイム転換	22	原子力災害と地方自治体の財政運営
10	分権型社会の制度設計	23	自治体政策の課題と展望
11	三位一体の改革──理念と現実	24	「地方創生」と地方における自治体の役割
12	持続可能な社会と地方財政	25	地方財政の四半世紀を問い直す
13	地方財政運営の新機軸		

　以上の号は，株式会社勁草書房から刊行されています。